어디를 가든 마음을 다해서 가라
공자

가장 큰 영광은 한 번도 실패하지 않는 것이 아니라
실패할 때마다 다시 일어서는 데에 있다.
공자

좋아하는 직업을 정하면
평생 단 하루도 일하지 않는 것과 같다.
공자

멈추지만 않는다면
얼마나 천천히 가는지는 문제가 되지 않는다.
공자

나는 논어를 만나
행복해졌다

나는 논어를 만나 행복해졌다

펴낸날 2023년 1월 10일 1판 1쇄

지은이_판덩
옮긴이_이서연
펴낸이_김영선
책임교정_이교숙
교정교열_정아영, 나지원, 남은영, 이라야, 김온
경영지원_최은정
디자인_바이텍스트
마케팅_신용천

펴낸곳 (주)다빈치하우스-미디어숲
주소 경기도 고양시 일산서구 고양대로632번길 60, 207호
전화 (02) 323-7234
팩스 (02) 323-0253
홈페이지 www.mfbook.co.kr
이메일 dhhard@naver.com (원고투고)
출판등록번호 제 2-2767호

값 17,800원
ISBN 979-11-5874-171-6 (03100)

나는 논어를 만나 행복해졌다

이서연 옮김

판덩 지음

論語

나로 살아가기 위한 든든한 인생 주춧돌,
논어 한마디

미디어숲

나의 삶을 바꾼
논어의 힘

"나는 매일 세 가지로 자신을 반성한다^{吾日三省吾身}."

어렸을 적, 거실 한쪽 벽의 조잡한 장식화 속에 적혀 있던 공자의 말이다. 제대로 된 의미를 깨닫지도 못했을 텐데 나의 뇌리 속에 똬리를 틀고 있는 이유는 뭘까? 잊힐 만하면 다시 만나게 된 인연 때문일까? 중학교에 들어가서 『논어』를 다시 만났다. 이번에 만난 공자는 교과서에 있었다.

"계씨가 전유를 정벌하려고 하니^{季氏將伐顓臾}."

역시나 무슨 뜻인지 잘 몰랐다. 2천 년 가까운 오랜 세월 동안 동아시아 인문주의의 원형이 되었던 사상가 '공자'라는 비범한 인물을 몰랐을 리는 없었다. 하지만 유가^{儒家}의 성전^{聖典}이라고도 불리는 『논어』의 의미를 그 시절의 내가 이해했을 리는 만무했다. 교과서에 수록됐으니 그저 건성으로 읽었을 뿐이다.

그 후로도 『논어』와의 만남은 계속됐다. 대학교 3학년이었던 1995년, 나는 다시 『논어』를 만났다. 하계 방학캠프에 참석한 홍콩의 한 대학교 학생 대표가 나에게 물었다. "논어 읽어봤어?" 중학교 때 읽어봤지만, 난 이렇게 대답할 수밖에 없었다.

"아니, 읽어도 이해하기 어려울 것 같아서." 그러자 그 친구는 "난화이진의 『논어강의論語別裁』는 이해하기 쉬울 거야."라고 알려줬고, 나는 그의 말에 귀가 솔깃했다. 그의 말대로 정말 『논어』를 쉽게 이해할 수 있을까? 개학을 하자마자 나는 학교 도서관으로 달려가 『논어강의』를 빌렸다.

유교, 불교, 도교의 경전을 두루 통달한 난화이진 선생은 한자문화권을 대표하는 석학이다. 『논어』를 해설하는 난화이진 선생의 모습은 소탈해 보였다. 선생은 "배우고 제때 익히면學而時習之"이라고 진지한 말투로 설명하지 않았다. 그의 화법은 이해하기 쉬웠다. 강의는 이렇게 시작했다.

"천하는 원래 두 팔보다 가벼운 것입니다. 그런데 세상 사람들

은 어째서 옥구슬 같은 것만을 중요시하는 것인지天下由來輕兩臂, 世上
何苦重連城.'"

나는 첫 부분을 읽자마자 머릿속이 명징해짐을 느꼈다. '원래
『논어』가 이렇게 재밌는 이야기였던 거야?' 난화이진 선생은 원문
의 해석을 시작으로 그 이야기가 생겨난 시대적 배경과 상황, 그
리고 공자의 관점 등을 모두 알기 쉽게 설명하고 있었다.

나는 책을 끝까지 다 읽고 난 후에야 난화이진 선생의 책 『논어
강의』가 쉽게 이해됐던 이유를 알게 됐다. 이 책은 난화이진 선생
의 강연을 그대로 기록한 강의록이었기 때문이다. 대화체로 편집
돼서 편하게 읽히기도 했고 생동감이 느껴졌다. 선생은 친구에게
말하는 것처럼 꾸밈이 없고 친숙한 말투로 강의를 이어갔다. 난화
이진 선생의 『논어 강의』의 가장 큰 장점은 바로 이 소탈함과 친밀
함에 있다. 많은 사람이 선생의 강의를 통해서 『논어』에 입문했다.
그만큼 선생의 강의는 대중적인 영향력이 지대하다. 『논어』는 그
렇게 서서히 나의 삶 속에 침투하기 시작했다.

학사 학위를 받은 나는 공영방송국에 입사했다. 방송국의 규모
는 엄청났다. 몸집이 큰 회사에서 일하는 직원은 자신의 노력이

결실을 맺지 않으면 깊은 무기력감에 빠지게 된다는 것을 알게 됐다. 당시 나는 혼신을 다해 프로그램을 제작했다. 하지만 나의 작품이 언제 방영될지는 알 수 없었다. 당연히 나는 상사로부터 인정을 받지 못했다는 실망감에 휩싸이게 됐다. 심지어 나는 상사가 나의 존재 자체를 모르고 있다는 생각마저 하게 됐다.

그렇게 무기력하게 직장 생활을 하던 나는 한 달에 일을 하는 시간이 기껏해야 2주라는 사실을 알게 됐다. 시간은 남아돌았고 수입도 낮았다. 하지만 주거비용이 많이 드니 당연히 스트레스가 심해질 수밖에 없었다. 생계에 대한 불안은 나를 깊은 두려움에 휩싸이게 했다. 그리고 내가 무능하다는 생각이 독버섯처럼 마음 깊숙이 퍼져나갔다.

'직장을 잃으면 어쩌지? 프로그램이 다시 방영되지 못하면 어쩌지? 빌린 집에서 쫓겨나면 어디서 지내지?' 쌓여가는 불안감에 뜬눈으로 밤을 지새울 때도 많았다. 한마디로 우울증 초기 증상을 겪었다.

무라카미 하루키가 그랬던가? 야구장에 갔던 날 푸른 하늘로 솟구치는 홈런볼을 보면서 소설을 써야겠다는 생각이 들었다고. 그런 식으로 어느 날 갑자기 내 머릿속에 『논어』가 떠올랐다. '다시

11
•

읽어볼까?' 남아도는 시간에 잡생각에 빠져있느니 차라리 독서를 하는 게 낫겠다는 생각이 들었다. 나는 『논어』를 해설한 책들을 1년 동안 파고들었다. 그렇게 나는 『논어』라는 깊은 심연에 빠져들게 되었다.

시대에 따라 '『논어』 읽기'의 방법은 다르다. 한漢나라 시대부터 위진魏晉, 당唐나라, 송宋나라, 명明나라, 청淸나라, 그리고 근대까지 많은 학자와 작가들이 『논어』와 관련된 해설서와 창작물을 썼다. 나는 많은 사람이 『논어』를 해설한 책들을 탐독했다. 무도인이 도장 깨기를 하듯 한 권 한 권 『논어』 해설서들을 읽어 내려갔다. 그러던 어느 날, 나는 『논어』에 대한 학식이 깊어진 자신의 모습을 마주하게 됐다. 공자는 강인했다. 용감했다. 그리고 동시에 친근했고 다정했다. 한마디로 공자는 빠져들 수밖에 없는 매력을 가진 군자였다.

공자의 『논어』는 사람 마음속을 파고든다. 그 감동은 나이 불문이다. 어떤 난관에 부딪힐 때 공자는 『논어』를 통해 해답을 제시한다! 공영방송국에서 내 능력을 펼치지 못하고 있다는 생각에 괴로워하는 나를 지켜준 공자의 말은 바로 이것이다.

"군자는 도를 도모하지, 먹을 것을 도모하지 않는다君子謀道不
謀食."

"군자는 도를 걱정하지, 가난을 걱정하지 않는다君子憂道不憂
貧."

"다른 사람이 나를 알아주지 않는 걸 걱정하지 말고, 내가 다
른 사람을 알아주지 않는 걸 걱정해야 한다不患人之不己知, 患
不知人也."

공자는 먼 곳에 있지 않았다. 내가 겪고 있는 고통과 근심을 공
자도 겪었다니! 나의 문제들은 나 혼자만의 것이 아니라 아주 오
래전부터 모든 사람이 겪어온 고통이었던 것이다. 나의 고통은 고
작 집세와 업무에 한정되어 있었다. 하지만 공자가 살았던 춘추전
국시대에는 생사가 걸린 일들이 많았다. 그렇게 생각하니 『논어』
에 대한 깨달음이 황홀하게 느껴졌다. 나와 조상들이 『논어』를 통
해 진솔한 모습으로 마주할 수 있었던 것이다. 내 몸 안에 흐르는
피는 조상으로부터 물려받은 것이다. 조상의 사상이 나의 문제를
해결할 수 있고, 나도 조상의 생각들을 이해할 수 있다는 믿음이
생겨난 것이다.

『논어』를 읽고 나는 근심에 잠을 이루지 못하는 일이 없어졌다. 심지어 방송국에 사표를 제출했을 때도 초조함이나 불안함에 휩싸이지 않았다. 내 마음이 행복과 평온함을 되찾을 수 있었던 이유는 모두 공자의 말 덕분이다. 공자는 말했다.

"아침에 도를 들으면 저녁에 죽어도 좋다朝聞道, 夕死可矣."

"급작스러운 상황에서도 반드시 어질어야 하며, 곤궁한 상황에서도 반드시 어질어야 한다造次必於是, 顚沛必於是."

저자 판덩

나는 논어를 만나 행복해졌다

공자는 거친 밥을 먹고 물을 마신 뒤 팔베개하며 즐거워했다.
살아있다는 것 자체가 즐거운 일이다.
숨을 쉰다는 것은 신비롭다.
우리는 공기를 내뱉으면 자연스럽게 다시 공기를 들이마신다.
들숨과 날숨의 신비함과 즐거움을 깨닫는 것은
불교에서 말하는 '법희의 충만함'이다.
공자는 언제 어디서든지 물질에 구애받지 않고
즐거움을 느낄 수 있는 사람이었다.

제8편

태백泰伯 편
천하를 거느린 공자의 인품

제9편

자한子罕 편

혼돈의 시대를 헤쳐가는 공자의 지혜

제 7 편

술이述而 편

어짊으로
무장한
공자의 자태

술이부작, 신이호고

述而不作, 信而好古

옛것을 복원하고 부흥시키는 것이
진정한 혁신이다

공자가 말하길 "계승하되 창작하지 않으며, 옛것을 믿고 좋아
하니, 은근히 나를 노팽과 견주어 본다."

子曰 "述而不作, 信而好古, 竊比於我老彭."

자왈 "술이부작, 신이호고, 절비어아로팽."

『논어』 「술이述而 편」은 「학이學而 편」에서 강조했던 지식과 배움
으로 시작한다. 겸손한 지식인은 자신이 이룬 학문의 성과를 낮출
때 이런 말을 한다.

"계승하되 창작하지는 않았습니다."

학문에서 과거의 지식과 단절된 새로운 혁신을 성취하기는 어
렵다. 지식인의 새로운 논문에는 항상 이미 발표된 다른 사람들의

논문이 인용된다. 그리고 여기에 자신의 생각을 덧붙여 새로운 개념을 만들어내는 것이다. 엄밀히 말한다면 새로운 개념이 아니라 변형된 개념일 뿐이다. 그래서 겸손한 지식인은 자신의 학문적 성과가 홀로 창작한 것이 아니라 이전 사람들의 지식을 정리해서 전달할 뿐이라며 위와 같은 말을 하는 것이다.

공자도 이전 사람들의 지식과 경험을 전하는 것이 지식인의 역할이라 생각했다. 과거의 지식과 학문을 존중할 줄 아는 지식인은 자신의 생각을 보태어 창의적으로 계승하고 발전시킨다.

중국도 한국처럼 배달 음식을 좋아한다. 음식 배달 서비스인 메이퇀美團은 중국 최대의 O2O(온라인과 오프라인의 협력체) 플랫폼이다. 메이퇀의 창업자 왕싱은 인터뷰에서 이렇게 말했다.

기자 당신은 혁신성이 부족한 것 같습니다. 지금의 사업은 기존 요소들을 새롭게 조합해 새로운 기업을 만든 것일 뿐입니다. 뭔가 새로운 변화가 없으니 혁신이라 할 수 없습니다.

왕싱 기자님이 쓰시는 문장 중에서 자신이 만든 글자가 있습니까? 기존에 있는 글자를 새롭게 조합해 문장을 만드는 작가들의 일을 우리는 창작이라 인정하고 있지 않나요?

혁신이라는 것은 무에서 유를 창조하는 것이 아니다. 기자는 혁신이 아니라고 말했지만 '기존 요소들을 새롭게 조합해' 새로운 무언가를 만들어내는 것이 바로 '혁신'이다.

이어지는 "옛것을 믿고 좋아한다"라는 구절은 공자가 자주 했던 말이다. 공자는 과거의 사람들이 사용한 것들에 대해 신뢰를 갖고 있었다. '옛것을 믿고 좋아한다'는 것은 고지식하게 옛것을 따른다는 의미가 아니다. 옛것을 익혀 새로운 것을 아는 것이 바로 공자가 말하는 '옛것을 믿고 좋아하는' 것이다.

'무에서 유를 창조'하는 우리가 위대하게 생각하고 공부하는 이론들은 모두 과거의 것이지만 우리는 그것을 믿고 좋아한다.

'옛것을 믿고 좋아한다'의 반대는 제멋대로 창작하는 '망작 妄作'이다. 망작하는 사람은 과거 경험을 배우거나 다른 사람의 사례를 연구하지 않고 이론들도 신경 쓰지 않는다. 그저 자신의 생각이 기상천외하고 혁신적이라고 착각할 뿐이다.

다음 구절에 등장하는 '노팽'은 사람의 이름이다. '노 老'는 노자를, '팽 彭'은 팽조 彭祖를 각기 말한다는 설이 있다. 팽조는 은나라의 대부로 알려진 현인이다. 800년을 살았다고 믿는 사람들도 있다.

나는 논어를 만나 행복해졌다

공자는 자신을 노팽과 비교했다. "은근히 나를 노팽과 견주어본다." 이는 장수하고 싶어서 한 말은 아닐 테다. 옛 성현들의 말을 공부하는 것이 현명하다는 뜻이다. 새로운 것이 무조건 좋고 옳은 것은 아니다. 과거에 대한 어설픈 비판은 망작에 해당한다. 옛 가르침과 맞지 않는 부분만 고쳐 쓰면 될 것이다.

공자의 행복한 사색 '옛것을 기리는 지혜가 바로 혁신'

공자가 살았던 춘추시대는 주나라의 왕권이 쇠퇴해 제후들끼리 서로 싸우는 혼란의 시대였다. 이런 혼돈의 시기에 공자는 더욱이 '옛것'이 그리웠을 것이다.

공자가 말한 '옛것'은 요순 임금 같은 '고대 성인들의 가르침'이다. 요순 시대와 같은 태평성대를 사는 방법은 옛것을 믿고 좋아하며 따르는 것이다. 마치 서양의 르네상스처럼 옛것을 복원하고 부흥시키는 것, 이것이 바로 '혁신'의 시작이다.

◆ ◆ ◆

학이불염

學而不厭

더 큰 만족을 원한다면
허기진 상태로 머물러라

공자가 말하길 "묵묵히 아는 것, 배움을 싫증 내지 않는 것, 사람 가르치기를 게을리하지 않는 것. 이것 중에 나에게 무엇이 있겠느냐?"

子曰 "默而識之, 學而不厭, 誨人不倦, 何有於我哉?"

자왈 "묵이지지, 학이불염, 회인불권, 하유어아재?"

공자가 배움에 대한 세 가지를 말하고 있다.

"묵묵히 아는 것, 배움을 싫증 내지 않는 것, 가르침을 게을리하지 않는 것."

첫 번째로 말한 "묵묵히 아는 것"은 지식을 쌓고 묵묵히 공부하는 것이다. 두 번째는 "배움을 싫증 내지 않는 것"이다. 문장에 쓰인 '염厭'은 고문에서 '싫다'는 뜻으로 해석하기도 한다. 가령 어떤 물건이 지나치게 많아져 귀찮고 싫어지는 상태를 '염'으로 표현했다. 따라서 '배움을 싫증 내지 않는 것'은 배운 것이 너무 많아도 싫증을 내지 않는다는 것을 말한다. 즉, 언제나 배우고자 하는 의욕이 넘치는 상태인 것이다.

세 번째 "가르치기를 게을리하지 않는 것"은 다른 사람을 가르치는 것을 고생이라 생각하지 않는 태도를 말한다. 사람을 가르친다는 것은 결코 쉽지 않은 일이다. 자로와 같이 거친 제자는 특히 그렇다. 배우는 것보다 가르치는 일이 더 고될 수 있다. 하지만 공자처럼 배움을 즐기는 경지에 오른다면 가르치는 것도 즐길 수 있다.

'배움을 싫증 내지 않는 것'과 '가르치기를 게을리하지 않는 것'은 끈기가 필요한 일이다. 공자는 자신이 성인을 만난 적이 없고 어진 사람을 본 적도 없다고 말했다. 성인과 어짊의 경지는 너무 높아서 평생 노력해도 이르지 못할 수 있기 때문이다. 끈기가 있는 사람은 한결같은 사람을 말한다. 배움을 싫증 내지 않고 가르치기를 게을리하지 않는다면 그 사람은 끈기를 가지고 있다고 말할 수 있다.

일반 사람은 하기 힘든 세 가지 일을 공자는 어떻게 어렵지 않게 해나갈 수 있다고 말한 것일까? 만족감을 억제하는 능력이 강한 사람일수록 큰일을 쉽게 할 수 있다는 '만족 지연^{Delay of} Gratification'이라는 심리학 이론이 있다. 만족 지연 행동을 하는 사람들은 더 큰 보상을 위하여 작은 보상을 뒤로 미룰 것인지를 결정하는 지연 선택을 하게 된다. 만약 더 큰 보상을 선택했다면 그것을 얻기 위해서는 참고 견디는 인내력이 필요하다.

만족 지연 능력은 생애 초기부터 시작되어 나이에 따라 속도를 달리하며 발달된다. 부모는 아이에게 힘들더라도 지금 열심히 공부한다면 성인이 되어 좋은 삶을 살 수 있을 것이라고 충고한다. 아이들 대부분은 그 사실을 알고 있지만 모두가 그렇게 행동하는 것은 아니다. 만족 지연 능력이 높은 아이들만 공부에 매진할 수 있는 것이다.

만족감을 지연하는 힘은 아주 중요한 능력이다. 일반 사람들은 배움에 싫증을 내고 무언가를 가르쳐주면 당장 보답을 얻기를 원한다. 즉각적인 반응이 없다면 사람들은 일을 쉽게 포기한다. 좀 더 큰일을 할 수 없는 이유는 만족감을 지연하는 능력이 낮기 때문이다.

배움을 싫증 내고 사람을 가르치는 것을 게을리하는 근본적인 원인은 배우고 가르치는 것 자체에 즐거움을 느끼지 않고 자신의 이익을 따지기 때문이다. 공자는 배우고 가르치는 일 자체에서 즐거움을 얻었기에 지치지 않을 수 있었다. 공자에게 배움은 인내해야 하는 과정이 아니었다. 배움을 인내해야 하는 과정으로 받아들이는 사람은 어느 단계가 되면 배움을 멈추겠다는 생각을 품고 있다. 정규직에 취직하자마자 공부하지 않는 직장인들이 그런 사람들이다.

공자의 행복한 사색 '순간적인 만족에 매몰되지 말 것'

우리도 공자처럼 묵묵히 아는 것, 배움을 싫증 내지 않는 것, 사람 가르치기를 게을리하지 않는 것을 어렵지 않게 할 수 있을까?
배움을 즐기는 공자의 경지에 다가가기 힘들다면 우리는 만족 지연 능력을 키우는 노력을 해야 할 것이다. 만족을 미룰수록 인생의 선물은 더 커질 테니 말이다.

◆◆◆

불선불능개, 시오우야

不善不能改, 是吾憂也

남을 보듯 나를 봐야
비로소 보이는 것들

공자가 말하길 "덕을 닦지 않는 것, 학문을 전수하지 않는 것, 의로움을 듣고도 옮기지 않는 것, 선하지 않은 걸 고치지 못하는 것이 바로 나의 걱정거리이다!"

子曰 "德之不修, 學之不講, 聞義不能徙, 不善不能改, 是吾憂也!"

자왈 "덕지불수, 학지불강, 문의불능사, 불선불능개, 시오우야!"

공자가 네 가지 걱정거리를 말하고 있다.

"덕을 닦지 않는 것, 학문을 전수하지 않는 것, 의로움을 듣고도 옮기지 않는 것, 선하지 않은 것을 고치지 못하는 것."

첫 번째 걱정거리 "덕을 닦지 않는 것"에 대한 해석은 걱정의 대상에 따라 두 가지로 살펴볼 수 있다. 하나는 '사회'이고 또 다른 하나는 '자기 자신'이다. 걱정의 대상이 '사회'라면 첫 번째 구절은 덕행을 수련하지 않고, 교육을 존중하지 않고, 비판을 받아들이지 않는 사회에서 자아를 발전시키지 못하는 것을 걱정한다고 해석할 수 있다. 이는 수련의 어려움의 원인을 외부에서 찾는 해석이다.

군자는 자신을 탓하고 소인은 남을 탓하는 법이다. 앞 문장 '학이불염'에서 살펴봤듯이 공자는 다른 사람에게 무엇을 요구하기보다는 자기 자신에 대한 수련의 문제에 천착했다. 따라서 '덕을 닦지 않는 것'이라는 첫 번째 구절의 해석은 덕행을 수련해 계속 발전시키는 것을 진지하게 생각하지 않는 자신의 태도를 걱정한다고 풀이하는 편이 일리가 있다.

이어지는 구절을 살펴보자. 두 번째 걱정거리 "학문을 전수하지 않는 것"은 자신이 가르치고 지식을 전파하는 것을 싫어하게 되는 것이다. 세 번째 걱정거리 "의로움을 듣고도 옮기지 않는 것"은 옳고 유익한 일을 들어 알게 되었음에도 따르지 않는 것이며, 마지막 걱정거리인 "선하지 않은 것을 고치지 못하는 것"은 잘못을 저지르거나 결점을 발견했음에도 즉시 고치려 하지 않는 것이다.

공자의 네 번째 걱정거리는 오늘날에도 빈번히 마주할 수 있는 문제에 해당한다. 선하지 않은 것을 고치는 것이 어려운 이유는 뭘까? 자아인지 능력이 부족하기 때문이다. 자기를 되돌아보지 않는 사람들은 자신의 '선하지 않은 부분'이 무엇인지 알 수 없다. 말은 쉽지만 실제로 그렇게 하기는 어렵다. 우리는 자기 자신을 상대방을 평가하듯이 객관적으로 살펴봐야 내 안의 선하지 않은 부분들을 발견할 수 있다.

공자의 행복한 사색 ‘습관의 무서움을 인지하라’

공자가 걱정한 네 가지 문제의 가장 큰 원인은 습관 때문이다. 우리의 일상은 잘못된 부분들도 습관화시켜 문제를 파악하기 어렵게 만드는 경향이 있다.

습관화되면 잘못된 점도 정상으로 생각하게 된다. 예를 들어서 집에서 자주 화를 내게 되면 자연스럽게 '집이 아니면 어디서 화를 내겠어?'라고 말하며 잘못된 점을 고치려 하지 않는다. 또 회사에서 다른 동료와 싸우면서 그 이유를 '싸우지 않으면 내 뜻이 관철되지 않을걸?'이라고 생각하며 자신의 공격적인 태도를 반성하지 않는다. 이처럼 잘못이 습관화되면 자신의 문제를 발견하지 못하게 되고 '선하지 않은 걸 고치지' 못하게 된다.

◆◆◆

자지연거

子之燕居

가장 가까운 사람을
가장 소중히 대하라

공자는 한가로이 있을 적에도 느긋하고 온화했다.

子之燕居, 申申如也, 夭夭如也.

자지연거, 신신여야, 요요여야.

일과를 마치고 집에서 쉬고 있는 공자의 모습을 묘사한 문장이다. 후한 말기의 유학자인 정현은 첫 번째 구절의 '연거燕居'를 '조회(임금을 뵙기 위한 모임)에서 물러나 한가로이 있는 모습'이라고 설명했다. 다음 구절인 '신신여야申申如也'는 편안하면서 느긋한 모습을 말한다. 마지막 구절인 '요요여야夭夭如也'의 뜻풀이는 『시경』에 등장하는 "복숭아나무 무성하고 꽃은 화사하네"라는 문장을 참고해 보자.

35

여기에 쓰인 '요요夭夭'는 아름답고 무성하게 핀 잎의 모습을 묘사한 것이다. 따라서 '요요여야夭夭如也'는 온화한 미소를 짓는 공자의 모습을 묘사한다 할 수 있다.

집으로 돌아온 공자는 느긋하면서도 흐트러지지 않았다. 공자는 집에서도 평상복으로 갈아입지 않고 여전히 단정한 옷을 입고 휴식을 취했다. 누군가가 정말로 행복한지를 알려면 직장이 아니라 집안에서 어떤 모습으로 생활하는지를 살펴야 한다. 타인 앞에서 사람들은 이미지 관리를 하며 자신의 내면과 다른 모습을 연기하게 된다.

하지만 집에서 하는 행동은 타인을 의식하지 않기 때문에 그 사람의 행복 지수를 알 수 있다. 예를 들어 집안에서 신나게 놀던 아이가 아빠가 퇴근하자 갑자기 조용해지고 다른 가족들도 가장의 눈치를 살핀다면 그 이유는 가장의 불편한 표정 때문이다. 직장에서 좋지 않은 감정을 완벽하게 숨기는 것은 가능할지도 모르나 집에서는 자기도 모르게 내면의 상태가 드러나기 마련이다.

자신의 감정을 솔직하게 표현하는 장소가 집이라고 생각하는 사람은 당연히 자신의 행동을 단속하지 않게 된다. 이런 사람에게 가족은 소통의 대상이 아니라 그저 편안한 상대다. 반대로 가족을 소통의 대상으로 여긴다면 자신의 행동을 단속하게 된다. 가족 모두 존중해 주고 사랑해야 하는 사람으로 여기는 것이다. 가족을 편하게만 생각하는 사람들은 이런 생각을 할 수도 있다. '너는 내 가족이니까 내가 화를 내는 것도 당연한 거야!' 이것은 이기적인 태도다. 어질고 자애로운 사람은 가족을 타인처럼 공손하게 대한다.

고대 전설에 따르면 요임금, 순임금, 우임금은 모두 선양禪讓을 통해 임금이 되었다. 임금의 자리를 자식이 아니라 덕이 있는 사람에게 물려주는 것을 '선양'이라고 한다.

요임금은 순이라는 사람이 가는 곳마다 어디든 더 좋게 바꾸는 대단한 인물이라는 소문을 들었다. 그가 낚시를 하면 어부들이 행복해했고, 그가 산에서 나무를 하면 나무꾼이 신바람이 나서 일을 했다. 요임금은 그가 훌륭한 인재라는 소문을 믿었지만 쉽게 천하를 물려주지는 않았다. 먼저 자신의 신하들과 아들을 순과 친구가 되게 했다. 그리고 딸을 순에게 시집보내기까지 했다. 이렇게 순의 사람됨을 끝까지 지켜본 요임금은 순이 성인成人이 될 만한 사람이라는 것을 확인한 뒤에야 나라를 물려 주었다.

한 사람의 도덕적 수준과 됨됨이를 이해하려면 그가 사적인 장소에서 어떻게 행동하는지 지켜봐야 한다. 우리도 자신이 집에서 어떻게 행동을 하는지 생활하며 맞닥뜨리는 각종 스트레스와 짜

증을 긍정적으로 대면할 필요가 있다. 출근했을 때 동료들을 진심으로 대하고 집으로 돌아가면 가족들에게도 진심으로 대해야 한다. 자신을 단속하고 다른 사람을 진심으로 대하며 공손하게 행동하고 적극적으로 소통할 때, 우리의 삶은 비로소 화목하고 편안해질 수 있다.

공자의 행복한 사색   '가족 또한 인생의 특별한 손님'

『논어』「향당 편」에는 공자의 사람을 대하는 방법이 적혀 있다. 공자는 제자를 가르칠 때 말이 아니라 직접 행동으로 보여주었다. 제자들은 공자와 함께 생활하며 직접 보고 느끼면서 그의 가르침을 배웠다. 일과 후의 모습도 마찬가지다.

공자는 말이 아니라 행동으로 집에서 어떻게 해야 하는지 알려주었다. 느긋하지만 흐트러지지 않는 자세로 자기 식구들을 사랑하자.

오불부몽견주공

吾不復夢見周公

공자가 꿈속에서도
그리워한 위인, 주공

공자가 말하길 "심하구나. 나의 노쇠함이여! 내가 꿈에서 주공
을 못 본 지 오래되었다."
子曰 "甚矣, 吾衰也! 久矣, 吾不復夢見周公!"
자왈 "심의, 오쇠야! 구의, 오불부몽견주공!"

누구에게나 우상은 있다. 위대한 현인으로 일컬어진 공자도 마
찬가지다. 공자는 은나라 주왕을 물리친 주나라 무왕의 동생 주공
을 존경했다. 무왕이 세상을 떠났을 때 주공은 무왕의 아들을 도와
주 왕조의 기틀을 확립했다. 삼국시대에 위나라 조조는 현명한 인
재를 그리워하는 시 '단가행短歌行'을 부르며 주공을 이야기했다.

"주공은 먹던 음식을 뱉어 천하의 마음을 얻었다周公吐哺, 天下

歸心."

먹던 음식을 뱉어 천하를 얻는다는 건 무슨 뜻일까? 내막은 이렇다.

주공은 전심전력으로 조카를 도와 조정을 이끌었다. 머리를 감을 때도 누군가 정무를 처리하기 위해 찾아오면 즉시 하던 일을 멈추고 처리했다. 그리고 다시 머리를 감으러 돌아갔다. 식사 때도 마찬가지였다. 밥을 먹던 중 사람이 찾아오면 주공은 입 안에 있는 음식을 뱉고 나가서 국정을 처리한 뒤 다시 밥을 먹었다. 주공은 천하의 일을 자기 소임으로 여기며 성실하게 일하는 사람이었다. 공자가 주공을 높이 평가했던 이유를 알만하다.

천하를 평정한 무왕을 보좌했던 주공은 주례周禮를 제정했다. 주례는 주나라 왕실의 정치 제도와 다른 나라의 제도를 기록한 유교 경전이다. 공자는 주례를 통해 나라와 집안을 다스리면 천하가 태평해질 수 있다고 믿었다.

낮에 너무 골똘하게 생각하면 밤에 꿈을 꾸면서도 그것을 생각하게 된다. 젊은 시절 공자는 자주 주공의 꿈을 꾸었다고 한다. 하지만 노년의 공자는 더 이상 꿈을 꿀 수 없었나 보다. 공자가 탄식하며 말했다.

"내가 이제는 정말 늙었구나. 주공을 꿈에서 못 본 지가 오래되었다!"

공자처럼 자신의 이상을 실천하기 위해 밤낮으로 고민하고 생각해야 비로소 성인의 경지에 이를 수 있고 모두의 모범이 될 수 있다. 공자는 교육자의 장인정신을 지니고 있었기에 배우고 가르치는 데 열정을 다 했다.

공자의 행복한 사색 '사랑하는 이를 꿈에라도 간직하라'

꿈을 분석한 심리학 결과가 있다. 꿈의 내용과 범위가 풍부하고 다양하며 줄거리가 복잡할수록 지능지수가 높다고 한다. 대뇌 활동력이 높은 사람은 잠을 잘 때도 복잡한 꿈을 꿀 수 있다. 따라서 젊은 시절 공자의 꿈속에 주공이 자주 나왔다는 이야기는 단순한 비유가 아니었을 가능성도 크다. 그만큼 많은 고뇌와 수많은 제자들을 가르치기 위한 고민으로 생의 거의 모든 시간을 쏟은 공자에게 머릿속에 항상 많은 부분을 차지했던 주공이 나온 건 당연한 일일 것이다. 그런데 노년의 공자의 꿈속에 더 이상 주공이 나타나지 않았다니, 이는 공자에게는 불행한 일이었을 듯 싶다.

◆◆◆

지어도, 거어덕, 의어인, 유어예

志於道, 据於德, 依於仁, 游於藝

입신양명을 위한
네 가지 덕목

공자가 말하길 "도에 뜻을 두고, 덕에 근거하며, 어짊에 의지하고, 예에서 노닐어야 한다."

子曰 "志於道, 據於德, 依於仁, 游於藝."

자왈 "지어도, 거어덕, 의어인, 유어예."

입신양명을 이루기 위한 네 가지 덕목에 대한 이야기다.

공자는 사람에 대한 정확한 평가를 하려면 "그 사람의 행동을 보고, 이유를 살피고, 편안함을 관찰해야 한다"라고 말했다. 도에 뜻을 두고, 덕에 근거하고, 어짊에 의지하고, 예에서 노니는 것은 한 사람의 행동과 이유, 그리고 편안함을 결정하는 요소다.

나는 논어를 만나 행복해졌다

먼저 "도에 뜻을 둔다"라는 구절을 살펴보자. 만약 한 사람이 이루고 싶은 포부가 돈을 벌고 집을 사는 것이라면 그 사람의 인생은 너무나도 빈약한 삶이다. 평생 물질적인 것만 추구하는 것은 목표 실현 여부와 상관없이 인생을 고통스럽게 만들기 때문이다. 물질적인 추구는 가장 쉽게 달성할 수 있지만 가장 만족하기는 어렵다. 이런 사람들은 대부분 인생의 표면을 떠다니며 이익과 명예를 두고 싸울 뿐 자아를 실현하지 못하기 때문에 별다른 의미가 없다.

도에 뜻을 두어야 한다는 공자의 말은 진리를 추구해야 한다는 것이다. 인생의 목표를 물질적인 속박에서 벗어나 세상의 이치를 탐구하는 데 두어야 한다. 이런 의미에서 뉴턴, 아인슈타인, 노자와 같은 사람이 바로 도에 뜻을 둔 인물이다. 이들은 우주의 이치와 인생의 의미를 알고자 했다. 사사로운 이익에서 벗어나 큰 포부를 가지면 인생이 무료하지 않고 추구해야 할 길이 끝이 없어 정신적으로 완벽한 만족 상태에 이를 수 있다.

다음 구절인 "덕에 근거한다"라는 것은 두 가지 해석이 있다. 첫 번째는 문장에 쓰인 '거據'를 '의거하다', '기반한다'라는 뜻으로 보고 어떤 일의 한계상황을 설명하는 것으로 해석한다. 덕은 어떤 행위의 기본 규칙과 경계선이다. 예를 들어서 길을 갈 때는 정해진 대로 오른쪽으로 걸어가야 모두가 원활하게 목적지에 도달할 수 있다. 만약 왼쪽으로 가는 사람이 있다면 서로 부딪치게 돼서 양쪽 모두 불편해진다. 정해진 규칙을 따르는 것은 서로를 존중하는 일이다. 이처럼 덕의 목적은 사회가 더욱 질서를 갖추고 효율적으로 되는 걸 말한다.

두 번째는 '거'를 '충분히 알고 있다'라는 의미로 보고 도덕 체계를 아주 명확하게 이해해야 한다는 뜻으로 해석한다. '덕'의 본질이 무엇인지 아는 것보다 '덕'의 요구를 이해하고 행동하는 것이 중요하다는 해석이 될 수 있다. 가령 우리는 '덕'의 진정한 의미를 모르더라도 어른들을 공경하고 아이를 사랑하며 사람을 돕는 것을 좋아할 수 있다.

"어짊에 의지하고"라는 구절은 어진 행동이 다른 사람을 이롭게 할 수 있다는 뜻이다. 마지막 구절인 "예에서 노닐어야 한다"에서 쓰인 '유游'는 광범위하게 섭렵한다는 뜻이고 '예藝'는 예절, 음악, 궁술, 승마, 글쓰기, 수학인 '육예'를 말한다. 따라서 '예에서 노닌다'는 것은 예법, 음악, 궁술, 승마, 독서, 수학 등 여러 지식을 익혀 자신을 꾸준히 발전시켜 나가야 한다는 뜻이다. 풍성한 삶을 위해서는 어짊, 의로움, 도덕만 이야기해서는 안 되고, 육예를 모두 실천할 수 있어야 한다. 사람은 두루 실천하고 경험해야 비로소 자신의 어짊과 덕의 수련 정도가 어느 정도인지 알 수 있다.

공자는 위에서 말한 네 가지를 잘 갖추는 것이 배움의 방법이라고 여겼다.

공자의 행복한 사색 '거슬리지 않게, 이롭게, 즐기며 살기'

사람들은 천차만별의 삶을 산다. 돈을 버는 데 뜻을 둬서 사치스러운 삶을 사는 걸 목표로 삼은 사람, 법규에 근거해 불법적이지 않은 일이라면 뭐든 하려고 하는 사람, 수단에 의지해 어질거나 의롭지 않아도 효율이 높으면 하려고 하는 사람, 휴대폰에서 노닐며 게임에 푹 빠져있는 사람 등등. 만약 사람이 돈을 버는 데 뜻을 두고 법규에 근거하며 수단에 의지하고 휴대폰에서 노닌다면 삶은 허무해질 것이다. 고상함을 추구하지 않은 채 이런 생활을 유지하면 친구, 가족, 사회 주류와 점차 멀어지게 되고 행복감도 낮아지게 된다.

자행속수

自行束脩

날 수 있는 새에게 나는 법을
가르치지 마라

공자가 말하길 "속수 이상의 예를 표시한 사람을 내가 일찍이
가르치지 않은 적이 없었다."
子曰 "自行束脩以上, 吾未嘗無誨焉."
자왈 "자행속수이상, 오미상무회언."

'속수束脩'는 말린 고기, 즉 육포를 뜻한다. 공자는 자신에게 육
포 10개를 가져다준 사람을 가르치지 않은 적이 없다고 말했다.
육포 10개가 어느 정도의 값어치였는지 알 수는 없지만 공자의 말
투로 보아 아주 비싸지는 않았던 것 같다. 공자가 이 문장을 통해
말하고자 하는 것은 수업료가 아니다. 부자든 가난하든, 귀족이든
천민이든 차별 없이 교육받을 권리가 있다는 뜻이다.

당시에는 귀족들만 교육을 받을 수 있었다. 책을 읽고 글을 쓸 수 있는 것은 귀족들의 특권이었다. 하지만 가르침에 대한 공자의 대문은 항상 활짝 열려 있었다. 그는 인류에게 불을 전해 준 프로메테우스처럼 귀족이 아닌 일반 백성들에게 글을 가르치고 예악을 배울 수 있는 기회를 줬다. 공자의 제자가 왕공 대신부터 천한 직업의 사람까지 다양했던 이유가 여기에 있다. 그는 옥살이 경험이 있는 사람과 장애인도 차별하지 않았다.

『안티프래질』의 작가 나심 니콜라스 탈레브Nassim Nicholas Taleb는 하버드 대학의 교육 모델이 '새에게 나는 법을 가르치는 것'과 같다고 비판했다. 새는 태생부터 날 수 있는데도 정교한 비행 기술을 알려준 뒤 "내가 너에게 나는 방법을 알려줬어."라고 말하는 식으로 교육을 한다는 것이다. 새에게 나는 방법을 알려주는 것은 어리석은 짓이다. 새에게 필요한 것은 나는 방법이 아니라 내면에 잠재된 능력을 발현할 수 있는 용기 뿐이다.

기존의 교육 시스템을 전복시킨 공자의 교육 방법론은 모든 사람을 가능성을 가진 존재로 여기는 혁신적인 시도였다. 말린 고기 10개라는 수업료가 중요한 것이 아니다. 누구든 차별하지 않고 가르치고, 누구든 차별받지 않고 교육을 받을 수 있다면 사회에 공헌할 유능한 인재를 양성하는 데 큰 도움이 됐을 것이다.

저명한 논어 해설가인 난화이진 선생은 공자가 수업료를 받았던 이유를 정치적 야심이 없었기 때문이라고 설명한다. 공자의 제자는 3천여 명에 달했다. 공자가 정치적 야망이 있었다면 그를 따르는 많은 사람과 함께 정권을 좌지우지했을 것이다. 만일 공자가 딴마음을 품고 반역이라도 일으키면 노나라는 감당해내기 힘들었을 것이다. 그래서 공자는 더 명확하게 선을 그은 것이다. "저는 그저 돈을 받고 학생들을 가르치는 일을 할 뿐입니다." 이로써 그는 정치가들을 안심시키는 동시에 자신과 제자들이 가진 힘은 정치적 힘이 아니라 교육적 힘이라는 메시지를 전달했다.

공자의 행복한 사색 ‘누구나 언제든 환영하는 인생 학교’

프랑스 영화 「코러스」에는 소년원처럼 운영되는 학교에 한 교사가 부임한다. 이곳의 학생들은 다른 학교에서는 원치 않는 아이들로 주로 불우한 환경에서 자란 경우가 많다. 학교 분위기는 예상대로다. 학생들은 제멋대로고, 난폭했으며, 질서라고는 찾아볼 수조차 없었다. 하지만 교사는 음악으로 아이들의 마음을 서서히 움직이기 시작한다. 물론 이로 인해 아이들의 인성도 변화를 겪는다. 결국 교사는 처음의 그 난폭하고 반항적인 아이들을 사회에 잘 적응하도록 교화하는 데 성공한다. 영화 속 교사가 바로 공자와 같은 인물이다. 누구나 차별하지 않고 내면의 선한 본성을 깨우기 위해 노력하는 모습, 이것이 진정한 참교육이다.

나는 논어를 만나 행복해졌다

◆◆◆

거일우불이삼우반

擧一隅不以三隅反

번민하지 않는 자에게
열 번을 말해도 소용없다

공자가 말하길 "번민하지 않으면 일깨워주지 않고, 애써 표현하려 하지 않으면 말해 주지 않는다. 한 모퉁이를 들었을 때 세 모퉁이에 반응하지 않으면 더는 반복하지 않는다."

子曰 "不憤不啓; 不悱不發. 擧一隅不以三隅反, 則不復也."

자왈 "불분불계; 불비불발. 거일우불이삼우반, 즉불부야."

가르쳐 일깨워준다는 뜻인 '계발啓發'이라는 단어는 이 문장에서 유래된 것이다. 문장에 쓰인 '분憤'은 마음이 답답한 상태를 말한다. '비悱'도 '분'과 비슷한 뜻으로 입가에서만 맴돌고 말이 나오지 않는 상태를 묘사한다. '계啓'는 질문과 비슷한 뜻이다.

공자가 제자들에게 배움에 대해 말했다.

제7편 술이述而 편 | 어짊으로 무장한 공자의 자태

"마음속 괴로움과 고통을 말로 표현하지 못해 답답해하지 않는다는 것은 문제를 진지하게 고민하지 않았다는 의미이니 나는 너희들을 성급하게 일깨워주지 않을 것이다. 답을 알려주기보다는 질문을 던져 스스로 문제를 깨닫게 할 수도 있다. 문제에 대한 답이 입가에 맴돌 정도로 고민한 흔적이 보일 때에서야 나는 너희에게 설명해 줄 것이다."

고대에는 스승과 제자 사이의 가장 좋은 상태를 "줄탁동시啐啄同時"라고 했다. 어미 닭이 알을 품고 있을 때 부화 직전의 병아리는 부리로 껍질을 쪼아댄다. 새끼의 움직임을 알아차린 어미 닭은 병아리가 나올 수 있게 껍질을 쪼아 깨뜨려준다. 병아리는 그렇게 세상 밖으로 나오게 된다. 하지만 성급한 어미 닭은 새끼를 죽음으로 몰고 가기도 한다. 알 속에서 병아리가 움직이지도 않았는데 껍데기를 쪼아 깨뜨리면 병아리는 죽게 된다. 반대의 경우도 마찬가지다. 병아리가 알 속에서 열심히 껍질을 쪼고 있는데도 어미 닭이 도와주지 않으면 병아리는 알 속에서 질식해 죽을 수도 있다. "번민하지 않으면 일깨워주지 않고, 애써 표현하려 하지 않으면 말해 주지 않는다"라는 공자의 교육 사상은 어미 닭과 병아리가 안과 밖에서 호응하며 노력하는 것과 비슷하다.

공자의 교육 사상은 학생들이 먼저 토론하고 체험하고 질문하게 하는 현재의 교육 형태인 '역진행 수업'과 비슷하다.

학생들이 진정으로 흥미를 느껴 답을 알고 싶어 하지만, 말로 표현할 수 없으면 어떻게 될까? 학생들은 그때에야 비로소 스승에게 도와달라고 질문을 하게 된다. 이때 교사가 학생들에게 질문하고 일깨워주고 지도하는 역진행 수업을 진행하면 학생들은 가장 많은 것을 배울 수 있다.

다음 문장을 살펴보자. "한 모퉁이를 들었을 때 세 모퉁이에 반응하지 않으면"이라는 구절은 어떤 의미일까? 여기서 '우隅'는 어떤 물체의 모서리를 말한다. 책상은 네 개의 모서리가 있다. 스승이 그중에 한쪽 모서리를 알려주었는데, 제자가 다른 모서리를 이해하지 못한다면 융통성이 없다고 할 수 있다. 공자는 제자들이 하나를 알려주면 스스로 생각하고 추론해 세 개를 깨달을 수 있기를 바랐다.

"더는 반복하지 않는다"라는 구절에는 두 가지 해석이 있다. 첫 번째 해석은 약간 매정하게 들릴 수 있다. 공자는 모든 사람을 차별하지 않고 가르쳤지만 깨달음은 천차만별이었다. 공자가 하나를 통해 세 개를 깨우치지 못하는 사람은 더는 가르치지 않았다는 것이 첫 번째 해석이다. 나는 이런 해석이 마음에 들지 않는다. 공자는 의지력이 강했기 때문에 인내심 없이 가르치지 않았다.

두 번째 해석은 공자가 가르치지 않았던 것이 아니라 제자에게 주입식 교육을 하지 않았다는 의미다. 공자는 한 모서리를 알려준 뒤 제자가 나머지 모서리를 이해하지 못하면 더는 설명하지 않았다. 제자가 스스로 설명해 준 모서리의 이치를 이해하고, 나머지 모서리를 깨달을 수 있을 때까지 기다렸다.

교사들은 어느 한 문제를 알려준 뒤 학생이 같은 유형의 문제를 이해하지 못하면 이해할 때까지 반복해서 계속 설명해 준다. 이런 방식은 학생이 스스로 생각할 수 없게 해서 오히려 고통만 느끼게 해 줄 수도 있다. 체벌이 아니라 머릿속에서 일어나는 갈등과 충돌의 고통이다. 이런 식의 주입식 교육은 조금이라도 변형된 문제가 나오면 당황해서 해결할 엄두를 내지 못하는 병폐를 만든다.

『어떻게 공부할 것인가Make It Stick』의 저자는 머릿속에서 불꽃이 튈 정도로 뇌를 활용해야 한다고 말했다. 답을 생각해내든 그렇지 않든 머리를 활발히 쓰는 것만으로도 성과가 있다는 것이다. 가장 최악의 경우는 이런 것이다. 교사가 머리를 쓰는 것을 싫어하는 학생에게 사각형의 모서리 하나를 알려줬다. 학생은 나머지 모서리들의 존재를 깨닫지 못했다. 교사는 다른 모서리의 존재를 알려주었다. 하지만 그 학생은 처음 알려준 모서리에 대해서만 질문을 한다. 이는 그 학생이 사각형의 모서리에 대한 개념을 이해하지 못했기 때문이다. 교사가 여러 가지 지식을 알려주었지만, 학생이 학습 과정에서 핵심을 파악하지 못하고 표면적인 지식만 이해하는 것은 교육이라고 할 수 없다. 공자는 반복해서 설명해 주지 않고 제자들이 스스로 문제의 본질을 생각할 수 있게 해야 한다는 점을 일깨워준다.

다시 한번 강조하지만 공자의 교육 방식은 대단히 혁신적이었다. 공자는 많은 제자를 데리고 밖으로 나가 강가에서 놀고, 먹고, 이야기를 나누었다. 책을 읽어 주는 것이 아니라 일상에서의 모습을 행동으로 보여주며 제자들을 가르쳤다.

수천 년이 흘러 문명은 발달했지만 오히려 교육은 퇴보하고 있다. 뇌를 퇴화시키는 주입식 교육 방식이 쉽게 사라지지 않고 굳건히 그 명맥을 유지하고 있기 때문이다. 생각해 보자. 일선 교육의 현실에서 학교는 교실에 수십 명의 학생을 앉혀 놓고 교사 한 사람이 수업을 진행한다. 나의 중학교 시절 한 반의 학생들은 70여 명이나 되었다. 최소한 절반은 교사의 말을 이해하지 못했고, 절반은 이미 아는 내용이라서 지루해했다. 하지만 교사는 이런 상황을 알고 있으면서도 평균적인 학생들만 이해할 수 있을 만한 내용을 가르칠 수밖에 없었다. 똑똑한 학생들은 시간을 낭비하고 부족한 학생들은 수업 내용을 따라갈 수 없었다.

공자는 번민하지 않는 제자들은 일깨워주지 않고, 애써 표현하려 하지 않으면 말해 주지 않았다. 제자들의 상황을 살펴보며 알고자 하는 욕구가 강해졌을 때 그때 비로소 일깨워줬다. 공자는 모든 제자가 자신에게 알맞은 방향을 선택해 더 큰 사람이 될 수 있도록 도왔다.

교육의 중요한 점과 어려운 점은 학생이 번민하고 애써 표현하려 할 때와 답을 진심으로 알고 싶어 할 때를 포착해내는 곳에 있다. 교육은 학생의 마음에 물을 가득 채워 만족하게 하는 것이 아니라 불을 지피는 것이다. 학생들 스스로 이해하고 배움의 매력을 느껴야 한다. 학생들이 모르는 점을 일일이 가르치는 것보다 쉬워 보이지만 이는 결코 쉽지 않다. 각고의 노력으로 학생들이 스스로 공부하고 싶은 마음이 들게 했다면 그 뒤로 교사가 할일은 그다지 많지 않다. 학생들은 능동적으로 답을 찾을 때 더 쉽게 배우기 때문이다.

일부 교사 중에는 질책하고 윽박지르거나 심지어는 협박하는 방식으로 학생을 가르친다. 이런 교사들은 학생이 자기 생각대로 움직이지 않으면 화를 내며 억지스럽게 학습 방식을 강요한다. "계속 그렇게 따라오지 않는다면 부모님에게 알리겠다. 계속 이렇게 노력하지 않으면 취직도 못 하게 될 것이다."라며 학생들을 공갈 협박하는 것이다. 협박은 깡패나 하는 짓이다. 스승은 학생들이 자연스레 깨달음을 얻을 수 있도록 도와주는 사람이다.

공자의 행복한 사색 **'스스로 철학하고 사유하는 즐거움'**

학생을 가르치는 것은 자동차를 조립하는 일과는 완전히 다르다. 자동차는 움직이지 않는 강철들을 하나로 모아 움직이도록 만들기만 하면 된다. 하지만 아이들은 성장하고 생각할 줄 아는 유기체이기에 하나로 모은다고 움직이지 않는다. 아이들도 자신만의 생각과 욕구가 있다. 어른들이 해야 할 일은 아이들이 자신의 인생을 사랑할 수 있게 해 주고 자신의 성장을 주도할 수 있게 해 주는 것뿐이다. 많은 어른이 잘못된 교육 방식으로 아이가 공부를 싫어하게 만들고, 심지어 아이가 자신의 인생을 실망하게 만들고 있다. 다른 것은 몰라도 『논어』에서 공자의 교육 철학만큼은 자기 것으로 만들어 보자. 자식을 올바르게 키워야 우리가 사는 공동체가 발전할 수 있다.

자식어유상자지측

子食於有喪者之側

밥 한 그릇으로
그 사람의 소양을 알 수 있다

공자는 상을 당한 사람 곁에서 먹을 때는 일찍이 배부르게 먹
지 않았다.

子食於有喪者之側, 未嘗飽也.

자식어유상자지측, 미상포야.

이 문장에는 감동적인 장면이 그려져 있다. 공자는 장례식에 참
석했을 때 상복을 입은 사람이 옆에 있으면 밥을 배불리 먹지 않
았다.

『논어』에는 장례 예절과 관련된 내용이 자주 등장한다. 이유는
간단하다. 당시에는 평균 수명이 짧아 장례식이 자주 치러졌다.
많은 사람에게 존경을 받았던 공자는 장례식에 참석해 달라는 요

청도 많이 받았을 것이다. 지금은 의료 기술의 발달로 평균 수명이 100세를 바라보고 있지만 당시에는 작은 질병만 걸려도 목숨을 잃는 경우가 많았다. 따라서 그 당시의 죽음은 어디서나 볼 수 있는 흔한 일이라서 대부분 대수롭지 않게 넘겼다.

하지만 공자의 행동은 달랐다. 장례식에 참석한 공자는 죽은 사람과 유족들에게 공손한 태도를 보였다. 공자는 어떤 장례식에서도 소란스러운 모습을 보이지 않았다. 배불리 먹지도 않았다. 모든 생명은 소중하고 모든 삶은 존중되어야 했기 때문이다.

장례식은 사회의 중요한 의식 중에 하나이다. 초등학생 시절에 나는 마을 축제 같았던 시골의 장례식을 기억한다. 마을 사람들 모두가 한 집에 모여 밥을 먹고 남은 음식들은 서로 나누고 집으로 돌아갔다. 누가 죽었는지 기억하지 못하지만 아마도 호상이었을 것이다.

나는 고등학생 때 정신과 육체에 관한 철학책을 읽고 깊은 사색에 잠긴 적이 있다. 사람의 정신은 고상한 것을 추구하지만, 육체는 물질적인 속박에서 벗어날 수 없다는 내용이었다. 아이를 잃은 부모는 하늘이 무너지는 듯한 슬픔에 빠지지만, 시간이 지나면 어쩔 수 없이 밥을 먹게 된다. 배고픔이 잠시 아이를 잃은 슬픔에서 벗어나게 해 주는 것이다.

공자는 상을 당한 가족들의 슬픔과 아픔을 같이 느끼며 식욕을 자제했다. 배불리 먹는 것과 상을 당한 가족들의 감정을 살피는 것 중 무엇이 더 중요할까? 아마 대부분 배불리 먹는다고 해서 슬픔에 공감하지 않는 것은 아니라고 생각할 것이다. 하지만 지행합일知行合一이라는 말처럼 행동에서 생각과 마음이 드러나는 법이다. 유족들의 슬픔을 자기 일처럼 공감한다면 장례식에서 배불리 먹을 수는 없을 것이다.

공자의 행복한 사색 '세상 가장 위대한 사람에 대한 사랑'

공자는 '예'를 지켜야 하는 가장 중요한 이유 중의 하나가 '사람에 대한 사랑' 때문이라고 말했다. 죽은 사람과 유족들을 사랑한다면 장례식에 참석해 저절로 예를 갖추게 될 것이다. 그리고 진심에서 우러나오는 위로의 말은 사랑하는 사람을 잃은 슬픔에서 벗어날 수 있는 큰 힘이 되어줄 것이다.

임사이구, 호모이성

臨事而懼, 好謀而成

성공하는 사람은
용기와 만용의 차이를 안다

공자가 안연에게 말하길 "써주면 행하고 버려지면 숨는 것을 오직 나와 너만이 가지고 있구나!"

자로가 말하길 "스승님께서 삼군을 통솔하게 된다면 누구와 함께하시겠습니까?"

공자가 말하길 "맨손으로 범을 잡으려 하고 맨몸으로 강을 건너려다가 죽어도 후회하지 않을 사람과 나는 함께 하지 않을 것이다. 반드시 일에 임함에 두려워하고 계획하길 좋아하여 성공하는 사람과 함께 할 것이다."

子謂顏淵曰 "用之則行, 舍之則藏, 惟我與爾有是夫!"

子路曰 "子行三軍, 則誰與?"

子曰 "暴虎馮河, 死而無悔者, 吾不與也. 必也, 臨事而懼, 好謀而成者也."

자위안연왈 "용지즉행, 사지즉장, 유아여이유시부!"

자로왈 "자행삼군, 즉수여?"

자왈 "포호빙하, 사이무회자, 오불여야. 필야, 임사이구, 호모이
성자야."

공자가 제자 안회에게 말했다. "써주면 행하고 버려지면 숨는
것을 우리 두 사람만 할 수 있지 않으냐?"

여기서 "써주면 행한다"라는 것은 나라가 필요로 한다면 즉시
관직에 오른다는 뜻이다. "버려지면 숨는다"라는 것은 관직에 임
용이 되지 않으면 담담하게 집으로 돌아가 '수련'하고 '배움'에 힘
쓴다는 것이다.

공자도 나라가 필요로 했을 때 '대사구'라는 관직을 맡았다. 하
지만 나라의 제사 음식이 자신에게 돌아오지 않자 관인을 두고 떠
났다. 노나라 군왕은 제사 음식을 관리들에게 나눠주었는데, 이는
영광스러운 일이었다. 하지만 공자에게는 이러한 영광이 돌아오
지 않았다. 며칠간 기다렸던 공자는 관인을 두고 국경을 넘는다.
여러 나라를 돌아다니는 험난한 여정이 시작된 것이다.

"써주면 행하는 것"과 "버려지면 숨는 것" 중 쉬운 일은 하나도
없다. 어떤 관직을 맡아 달라는 제안이 오면 망설이는 사람들이
있다. 자신감이 없을 수도 있고, 일이 뜻하는 대로 되지 않아 되돌

아올 나쁜 평판을 걱정하거나, 자기 이익을 헤아리는 것이 우선이기 때문이다. 나랏일이 주어졌을 때 이를 받아들이기 위해서는 용기와 능력, 책임감이 필요하다. 영국 아편 상인들을 내쫓았던 청나라 정치가 임칙서는 "만일 국가에 이롭다면 목숨도 바칠 것이니 어찌 화복을 이유로 피하겠는가苟利國家生死以, 豈因禍福避趨之"라고 말했다.

"버려지면 숨는 것"도 하기 힘든 일이다. 기대하던 관직에 오르지 못한 사람들은 상처받고 나라를 원망할 뿐 자신의 능력이 부족하다는 점을 인정하려 들지 않는다. 모욕을 당했다는 생각에 집에 돌아와서도 쉽게 분노를 가라앉히지 못한다. "버려지면 숨는 것"은 집으로 돌아와 수련하고 배움에 정진한다는 뜻이다.

공자는 안회와 자신은 이 두 가지 점을 실천할 수 있다고 생각했다. 제자인 안회 입장에서 공자의 말은 칭찬이었다. 옆에서 동료의 칭찬을 들었던 다른 제자 자로가 서운했던 모양이다. 일찍부터 공자를 따라다니며 공부했던 자로는 수제자로 인정받고 싶어했다. 기분이 상한 자로가 공자에게 물었다.

"스승님께서 전투를 이끌어야 한다면 어떤 제자를 데리고 가시겠습니까?"

자로는 안회가 몸이 약하다는 사실을 알면서 이런 질문을 했고,

이를 알아챈 공자는 자로에게 매정하게 말했다.

"맨손으로 범을 잡으려 하고, 맨몸으로 강을 건너려 하는 것은 무작정 용기만 믿고 경솔하게 행동하는 사람이다."

수호지에 등장하는 영웅호걸 무송武松도 호랑이를 막대기로 때려잡았다고 하니 맨손으로 호랑이와 싸운다는 것이 얼마나 무모한 짓인가? 맨몸으로 강을 건너는 일도 마찬가지다. 생명은 소중한 것이다. 죽어도 후회하지 않겠다며 만용을 부리는 사람을 공자는 경계했다.

전쟁이 발발해 나라가 위험에 처했는데 전투를 할 줄 모르는 사람들은 어떻게 해야 할까? 옛날에는 자신의 죽음으로 군왕에게 보답했다. 비록 싸울 줄은 모르나 자신은 비겁하지 않다며 목숨을 걸고 군왕에게 충성심을 표현한 것이다. 하지만 이런 행동이 나라에 도움이 될까? 공자는 죽어도 후회하지 않는 태도는 단지 무모한 것이라고 생각했다.

공자는 모든 생명은 소중하기에 자신의 목숨을 함부로 해서는 안 된다고 보았다. 그는 "일을 할 때 두려워하고 계획하길 좋아하여 성공하는 사람"과 함께 하겠다고 말한다. 두려워한다는 것은 용기가 없다는 뜻이 아니다. 위험한 현실을 정확하게 파악하고 지혜롭게 대처하는 것이 진정으로 용기 있는 행동이다. 용기와 만용을 구분할 줄 아는 진지함이 필요하다.

　요즘에는 진지한 자세가 부족한 청년들을 자주 목격하게 된다. 그들은 자신이 하는 일을 놀이라고 표현하며 진지하게 열심히 하는 것을 부끄러워한다. MBA 과정을 공부하는 학생들을 만나보니 꽤 많은 학생이 시험을 위해 특강을 듣는 것을 숨기려 한다는 사실을 알았다. 가령, 이런 식으로 그들은 생각한다. 'MBA 시험을 준비하려고 특강을 듣는 거야? 집에서 혼자 책으로 공부하면 충분하잖아?' 무언가에 몰입해 열심히 하는 사람들을 고지식하게 생각하는 것이다.

　이렇게 하는 이유는 그들이 너무 남을 의식하기 때문이다. MBA 과정을 수료하는 것이 가장 중요한데, 그들은 그것이 중요하지 않은 것처럼 행동해야 멋있어 보인다고 생각한다. 반대의 경우도 있다. 자신은 이미 시험 준비를 다 해서 문제없다는 모습을 보여주고 싶은 것이다. 요즘 말로 하면 쿨해 보이고 싶은 것이다.

　어떤 일이든 그 일의 어려움을 알아야 책임감이 생기게 된다. 그리고 실제 상황에 근거해 진지한 계획을 세울 수 있다. 사소한 모든 부분까지 대처 방법을 세워 놓아야 해당 일에 최선의 노력을 기울일 수 있다. 공자의 말처럼 "반드시 일에 임함에 두려워하고 계획하길 좋아하여 성공하는 사람"이 되기 위해 정진해야 한다.

나폴레옹이 유럽을 정복할 수 있었던 이유는 전쟁의 모든 세밀한 부분을 파악하고 있었기 때문이다. 자신의 군대가 몇 명의 병사를 수용할 수 있고, 그들을 이끄는 데 필요한 식량 보급을 위한 곡창이 얼마나 있으며, 보유한 대포가 몇 대인지 나폴레옹은 지형지물에 대한 모든 정보를 파악했다. 나폴레옹과 같은 태도가 바로 일에 임함에 두려워하고 계획하길 좋아한 사람이다.

하지만 그러한 나폴레옹도 결국엔 실패했다. 그 원인은 어디에 있었을까? 60만 대군을 이끈 러시아 원정에서 나폴레옹은 무모했다. 참모들이 러시아 원정길에는 곡창이 많지 않고 보급이 어려울 것이라 조언했다. 그러나 이미 여러 전투에서 승리해 자만해진 나폴레옹은 계획을 무모하게 밀고 나갔다. 예상대로 러시아는 나폴레옹의 대군이 후퇴하면서 물자를 조달할 수 없도록 곡창을 파괴하고 도주하는 작전을 펼쳐 프랑스 군대를 굶주리게 했다.

공자의 행복한 사색 ‘사소한 일에도 진심을 보이는 열정’

아무리 작고 하찮은 일에도 다 순서가 있고 원리가 있다. 이를 무시하고 덤비는 태도는 대단히 위험하다. 사유하고 고찰하고 깊이 사색해 나서야 할 때와 물러설 때를 파악하는 것. 이것이 바로 공자의 눈에 안회가 특별해 보이는 이유이다.

부이가구

富而可求

자신이 가장 잘할 수 있는 분야를 파고들어라

공자가 안연에게 말하길 "부가 만약 구해서 되는 것이라면 비록 채찍을 잡는 사람이라도 나 또한 하겠다. 만일 구해서 되는 게 아니라면 내가 좋아하는 걸 따르겠다."

子曰 "富而可求也, 雖執鞭之士, 吾亦爲之. 如不可求, 從吾所好!"

자위안연왈 "부이가구야, 수집편지사, 오역위지. 여불가구, 종오소호!"

부자가 되기 위한 특별한 방법이 있을까? 아니면 부자는 원하면 될 수 있을까?

부자가 되기를 원치 않는 사람은 아마도 거의 없을 것이다. 공자가 부자에 대해서 말한다. 부자가 되는 법을 제자들에게 알려줬던 것일까? 일단, 첫 문장을 해석해 보자.

"만약 원한다고 해서 부자가 된다면 나는 채찍을 잡는 일이라도 기꺼이 하겠다." 여기서 "채찍을 잡는 일"은 구체적으로 무엇을 비유했을까? 옛날에는 마부를 채찍을 잡는 사람이라고 불렀다. 지금으로 치자면 운전기사다. 여담이지만 다재다능했던 공자는 마차도 잘 몰았다고 전해진다. 공자가 요즘 사람이라면 드라이브를 하며 음악 감상을 즐겼을 것이다.

길을 터주는 사람을 채찍 잡는 사람이라고도 했다. 지위가 높은 관리가 길을 지날 때 그의 수행원이 앞서 길을 비키라며 채찍을 들고 다녔다. 채찍을 잡는 사람이 마부이건, 관료의 수행원이건 간에 지위가 낮은 사람을 말한다. 따라서 공자의 말은 원해서 부자가 될 수 있다면 누구든 비천한 일을 하는 것을 마다하지 않았을 것이라는 의미가 된다.

이어지는 구절의 의미는 다음과 같다. "원한다고 해서 부자가 될 수 있는 것이 아니라면 차라리 하고 싶은 일을 마음껏 하면서 자유롭게 사는 것이 낫다." 공자는 부자가 되는 것은 결과이지 목적이 되어서는 안 된다는 점을 넌지시 내비치고 있다.

어쩌면 창업자들에게 공자의 말은 큰 위로가 되지 못할 수도 있다. 하지만 창업의 목표가 부자가 되는 것은 아니라는 것을 창업자들도 알고 있다. 창업에 도전하는 사람들은 반드시 성공한다는 확신을 갖고 일을 시작하는 것이 아니라는 걸 알고 있다. 자신이 세계적인 경제지 〈포브스Forbes〉의 표지 모델이 될 수 없다는 것 또한 충분히 알고 있다. 창업의 성공은 무척이나 어려운 일이고 결과도 함부로 예측할 수 없다.

그런데 평소 내면의 수련을 강조하던 공자는 왜 부자에 관해서 말을 한 것일까? 공자는 제자들에게 부자가 되기 위해 노력하기보다는 '정당한 일'에 힘쓰라는 점을 말해 주고 싶었을 것이다. 정당한 방법으로 돈을 벌어 부자가 될 수 있다면 어떤 직업이든 부끄러워하지 말고 노력해야 한다. 반면, 부자가 될 수 없다면 집착을 버려야 한다. 집착을 버리지 못하면 부정한 방법을 사용하고 싶은 유혹에 빠지게 된다. 정당한 방법으로 되지 않으니 당연히 부정한 방법을 찾게 되는 것이다.

창업 시장에도 유행이 있다. 어떤 분야가 좀 인기가 있다 싶으면 다들 그 길을 가려 몰려든다. 그러니 당연히 병목현상이 생길 수밖에 없다. 한두 명은 빠져나갈 수 있을 것이다. 하지만 시간이 지나면 그 병 속에 담긴 물의 색깔은 붉게 변한다. 즉, 블루오션은 시간이 지나면 레드오션이 되기 마련이다.

좋은 기회를 잡지 못한 채 이리저리 바쁘게 뛰어다니기보다는 차라리 자신이 좋아하는 일에서 성과를 거둬 최고가 되는 편이 낫다. 자신이 가장 좋아하는 일에서 실력을 키워 전문가가 된다면 그 분야에서 존중받는 사람이 될 것이다. 그래서 공자는 말한다. 부자가 될 수 없다면 차라리 좋아하는 일을 하는 것이 낫다고.

눈치 빠른 이들은 알아차렸겠지만 사실 공자의 말은 후자 쪽에 중심이 있다. 자기가 좋아하는 일을 하다 보면 부자가 되고자 하는 마음은 후순위로 밀려나게 될 것이다. 그리고 자신이 좋아하는 분야에서 최고가 된 후에야 재물도 모이게 된다.

공자는 자신이 한 말을 지키는 사람이다. 그는 자신이 좋아하는 일을 해서 최고가 된 사람이다. 공자는 배움을 즐겼다. 그는 유교의 체제를 구축해 마침내 지덕이 가장 높은 스승인 '지성선사至聖先師'라는 타이틀을 거머쥐게 됐다.

공자의 행복한 사색　'좋아하는 일로 최고가 돼라'

공자의 지혜는 평범한 사람들에게 위로를 주기도 한다. 조류에 휩쓸려 주변 사람들이 시끌벅적하게 움직이면 괜히 나도 따라서 해야 하는 것이 아닌가 하는 조바심이 들게 마련이다. 그럴 때 공자의 말을 떠올려 보자. 그리고 자기가 좋아하는 일에서 벗어나지 말자. 지금 자신이 하고 있는 분야에서 먼저 최고가 되어야 하는 것이다.

자지소신

子之所愼

총, 균, 쇠, 그리고
하늘의 뜻

공자가 신중했던 것은 재, 전, 질이었다.

子之所愼 齊, 戰, 疾.

자지소신 재, 전, 질.

공자는 세 가지 일을 가장 신중하고 조심스럽게 다루었다.

문장에 쓰인 '재齊'는 가지런하다는 뜻의 '제'로 자주 쓰이지만 여기서는 제사를 뜻하는 '재'로 발음한다. '전戰'은 전투와 전쟁을 말하며, '질疾'은 질병을 의미한다.

그러니 재, 전, 질은 '제사, 전쟁, 질병'을 뜻한다. 제사, 전쟁, 질병은 인류 역사의 흐름을 바꾸어 놓는 가장 주요한 원인이었다.

재레드 다이아몬드의 『총 균 쇠』와 리프킨 스티븐 핑커의 『우리 본성의 선한 천사』는 흑사병 유행, 몽골 전쟁, 콘스탄티누스 1세의 신앙의 자유 등 세계 역사의 변곡점이 된 중요 사건을 다루고 있다. 문화 인류학자 재레드 다이아몬드는 『총 균 쇠』에서 역사가 급격히 변화를 이룬 동인을 설명했는데, 그가 말한 총과 쇠는 공자가 말한 전쟁에 해당한다. 공자는 여기에 제사를 추가했는데, 역사학의 관점에서 제사는 종교에 해당한다.

공자는 제사, 전쟁, 질병을 하늘, 생명, 건강과 연관시켜 설명했다. 먼저 종교의 제사, 재계齋戒는 '사람과 하늘의 관계'이다. 공자는 사람이 하늘을 대할 때 몸을 단정히 하고 두려움을 가져야 한다고 보았다. 그리고 신령한 존재에 대해서는 실용적인 관점에서 영적인 존재의 유무를 상황에 맞게 설명했다.

전쟁은 '사람과 생명의 관계'이다. 전쟁은 정치적인 목적을 달성하기 위해 다른 사람의 생명을 빼앗는 거대한 폭력이다. 하지만 폭력은 만인에게 평등하지 않다. 2022년에 발생한 러시아의 우크라이나 침공에서 알 수 있듯이 전쟁의 승패와 상관없이 피해를 보는 것은 민중들이다. 민중을 위한 전쟁이란 결코 존재할 수 없다.

질병은 '사람과 건강의 관계'이다. 코로나19나 흑사병처럼 전염병은 개인뿐만 아니라 사회 전체에 막대한 영향을 끼친다. 재레드 다이아몬드 교수는 아메리카 대륙의 원주민들이 유럽의 정복자들에게 패할 수밖에 없었던 이유는 유럽인들의 무기였던 총뿐만이 아닌 전염병 때문이라고 한다. 외부인과의 교류가 없었던 아메리카 원주민들은 배를 타고 온 유럽인들이 퍼뜨린 세균에 대한 항체가 없었다.

공자는 인류 역사의 변곡점이 될 수 있는 요인들을 일찍이 간파해 문화 인류학자의 경지에 오른 지식인이었다고 볼 수 있다.

공자의 행복한 사색 '신앙, 전쟁, 질병 관리가 곧 행복'

신앙, 전쟁, 질병에 대한 중요성은 현대 사회에서도 계속 영향력을 끼칠 것이다. 국정을 논하는 정치인은 국민의 입장에서 이 세 가지를 헤아려 정책을 수립해야 한다. 가장 통제하기 어려운 이 세 가지 일을 관리할 수 있다면 국가는 설계한 방향에 따라 꾸준히 발전해 나갈 수 있다.

◆ ◆ ◆

삼월부지육미

三月不知肉味

몰입과 무아지경이 만들어낸
위대한 결과

공자는 제나라에서 〈소〉를 듣고는 3개월 동안 고기 맛을 몰랐다.
공자가 말하기를 "음악의 즐거움이 이런 경지에 이를 수 있을
지 몰랐다."
子在齊聞〈韶〉, 三月不知肉味.
자재제문〈소〉, 삼월부지육미
曰 "不圖爲樂之至於斯也!"
왈 "부도위악지지어사야!"

공자를 고리타분한 책벌레로 상상하는 사람들이 꽤 있다. 앞서
간략히 설명했듯이 공자는 다재다능했다. 마차를 직접 몰았고 무
예도 출중했으며 음악에도 조예가 깊었다. 사료에 따르면, 30대
중반의 공자가 제나라에 있을 때 위와 같은 말을 했을 것으로 추

정된다.

문장의 해석은 어렵지 않다. 순임금을 존경했던 공자가 순임금의 음악을 듣고 감동한 나머지 3개월 동안 산해진미를 먹지 않아도 즐거웠다는 이야기다. 공자의 식도락은 다음과 같았다.

"밥은 깨끗한 것을 싫어하지 않았고, 회는 가늘 게 썬 것을 좋아했다食不厭精, 膾不厭細."

또 고기가 가지런히 썰려 있지 않으면 먹지 않았고, 고기가 제대로 익지 않으면 먹지 않았다. 그만큼 먹는 것에 일정한 틀을 놓고 즐길 정도로 미각이 예민하고 뛰어났다. 그런 공자가 고기 맛을 모를 정도였으니 음악이 얼마나 좋았던 것일까?

삶의 품격과 정취를 중요시했던 공자는 음악과 예술을 좋아했다. 어떤 일에 깊이 몰두해 파고들다 보면 자신까지 잊어버리곤 하는데, '무아지경無我之境'이라는 사자성어는 이럴 때 쓰는 말이다.

무아지경은 서양의 한 천재 과학자에게서도 찾아볼 수 있다. 뉴턴의 여동생이 전하는 이야기에 따르면, 뉴턴은 성인이 되어서도 어떤 일에서는 5, 6세 아이처럼 행동했다고 한다. 식사 시간을 알려주지 않거나 식탁에 밥이 놓여 있지 않으면 밥 먹는 것도 잊었다. 뉴턴의 사진을 보면 상상이 갈 것이다. 잠옷을 입고 슬리퍼를 신은 채 산발이 된 머리로 일상을 보냈다. 아마 뉴턴의 머릿속에는 언제나 우주의 비밀을 해결하기 위한 공식들이 가득 차 있었을 것이다. 학문의 세계에 완전히 빠져들어 있었던 뉴턴은 밥을 먹는 일 따위는 전혀 중요하지 않았던 것이다.

위대한 수학자 가우스Carl Friedrich Gauss도 무아지경에 빠지곤 했다. 산책을 하던 도중 대단히 아름다운 공식을 떠올렸던 가우스는 그 공식을 까먹을까 두려워 빨리 기록하려 했지만 마침 수첩을 찾을 수가 없었다. 급하게 주변을 두리번거리던 가우스의 눈에 검은 칠판이 들어와 재빨리 공식을 적기 시작했다. 그런데 갑자기 칠판이 움직이기 시작했다. 가우스는 칠판을 쫓아가며 계속 공식을 적었다. 한참 칠판을 쫓아가던 가우스는 자신이 공식을 적은 칠판이 사실은 다른 사람의 마차였다는 것을 깨달았다.

공자의 행복한 사색 ‘시간을 잊은 몰입의 즐거움’

공자의 무아지경은 짧게 끝나지 않았다. 석 달 동안이나 지속됐다. 물론 몰입의 기간으로 사람의 진지함을 평가할 수는 없을 것이다. 하지만 분명한 것은 무슨 일을 하든지 무아지경에 빠질 정도로 혼신의 힘을 쏟아야 좋은 결과를 얻을 수 있다는 점이다.

◆ ◆ ◆

구인이득인

求仁而得仁

어짊을 추구해 어짊을 얻었다면
어찌 원망할 것인가?

염유가 말하길 "부자께서는 위나라 군주를 도우실까?"

자공이 말하길 "그럼, 내가 물어보겠다."

들어가서 말하길 "백이와 숙제는 어떤 사람입니까?"

공자가 대답하길 "옛날의 현인이었다."

자공이 묻기를 "원망하였습니까?"

공자가 대답하길 "어짊을 구해 어짊을 얻었는데 어찌 원망했겠느냐?"

자공이 나와서 말하길 "부자께서는 돕지 않으실 거다."

冉有曰 "夫子爲衛君乎?"

子貢曰 "諾, 吾將問之."

入曰 "伯夷, 叔齊何人也?"

曰 "古之賢人也."

曰 "怨乎?"

曰 "求仁而得仁, 又何怨?"

出曰 "夫子不爲也."
염유왈 "부자위위군호?"
자공왈 "낙, 오장문지."
입왈 "백이, 숙제하인야?"
왈 "고지현인야."
왈 "원호?"
왈 "구인이득인, 우하원?"
출왈 "부자불위야."

위나라 군왕 영공의 왕위 계승에 대한 전모를 알아야 이해할 수 있는 문장이다. 다소 복잡하니 차근차근 따라오길 바란다.

영공의 부인 '남자'는 송나라의 잘생긴 젊은이 송조와의 염문설로 평판이 좋지 않았다. 그래서 영공의 아들 괴외는 어머니를 살해하려는 음모를 꾸몄다. 하지만 괴외의 부하가 이를 영공에게 알렸고, 분노한 영공은 아들인 괴외를 죽이려 했다. 이에 괴외는 이웃 나라 진晉으로 도망을 쳤다.

기원전 493년 봄, 영공은 공자 영郢을 태자로 삼으려 했다. 하지만 영은 이를 받아들이지 않았다. 같은 해 여름 영공이 세상을 떠나자 부인 '남자'는 영공의 뜻에 따라 공자 영을 즉위시키려 했다. 하지만 영은 또다시 거절하며 진나라로 도망간 괴외의 아들 첩輒을 즉위시키려 했다. 이로써 첩은 위나라의 임금 출공出公이 된다.

나는 논어를 만나 행복해졌다

하지만 상황은 그리 간단하지 않았다. 출공의 아버지 괴외가 진나라에 있었기 때문이다. 진나라는 위나라 정치에 간섭할 좋은 기회라고 보고 괴외를 위나라로 돌려보내려 했다. 하지만 괴외가 위나라로 돌아오면 출공은 불효를 저지르지 않기 위해서 왕위를 아버지에게 양보해야 했다.

아버지에게 왕위를 양보해야 하는가, 아니면 아버지가 있는 진나라의 공격에 대비해야 하는가? 난처한 상황에 빠진 이즈음에 공자는 위나라의 정치 자문가로 지냈다. 공자의 제자들은 스승이 어떤 선택을 할지 궁금할 수밖에 없었다. 공자의 결정에 따라 제자들의 운명도 달라지기 때문이었다.

공자는 새로 즉위한 위나라 군왕의 곁을 지킬까? 지키려 한다면 출공을 위해 어떤 일을 할까? 공자가 위나라에 계속 머문다면 진나라와 갈등을 일으킬 수 있는데, 과연 스승은 어떤 선택을 할까?

제자 염유가 먼저 말을 꺼냈고 곁에 있던 자공이 스승에게 여쭈어보겠다고 했다. 총명하고 눈치가 빨랐던 자공은 이 민감한 문제를 직접 거론하지 않고 공자에게 유사한 상황을 빗대어 질문을 던졌다.

"백이와 숙제는 어떤 사람입니까?"

백이와 숙제는 은나라의 제후 고죽군의 아들들이다. 고죽군은

77

셋째인 숙제에게 왕위를 물려주고 싶어 했다. 고죽군이 세상을 떠나자 숙제는 장자인 백이가 왕위를 계승해야 한다고 주장했다. 예법과 어짊, 의로움을 중요시한 형제는 둘 다 왕위에 오르려 하지 않았다. 그리고 두 아들은 은나라를 떠났다. 자공의 질문에 대한 공자의 답변은 간단했다.

"백이와 숙제는 현인賢人이다."

자공이 다시 공자에게 물었다.

"하지만 두 사람은 군왕도 되지 못했고, 나중에는 수양산에서 굶어 죽었으니 원망하는 마음이 있지 않았겠습니까?"

공자는 이렇게 대답했다.

"어짊을 구해 어짊을 얻었는데 어찌 원망했겠느냐?"

좋은 사람이 될 마음이 없는 데도 좋은 사람이 될 수 있을까? 명성을 구하는데 어짊을 얻거나, 이익을 구하는데 명성을 얻거나, 이익을 구하는 데 어짊을 얻는다면 원망하는 것이 정상이다. 하지만 어짊을 구하는 것을 목표로 삼고 좋은 사람이 되고 싶어 해서 좋은 사람이 되었다면 원망할 필요는 없을 것이다.

자공은 '한 모퉁이를 들었을 때 세 모퉁이에 반응하는 사람'이었다. 즉, 하나를 알려주면 세 가지를 아는 총명한 제자였다. 공자의 뜻을 깨달은 자공이 다른 제자들에게 이렇게 말했다.

"스승은 돕지 않으실 것이다."

공자는 어떤 선택을 하든지 위험하다는 사실을 알았다. 만약 괴외가 위나라로 돌아와 진나라가 위나라를 멸망시킨다면 괴외는 위나라를 진나라에 넘겨 변절자가 된다. 괴외는 부친 영공에게 쫓겨난 뒤 다른 나라의 비호를 받았던 사람이기에 공자는 그를 돕지 않았다. 다른 상황도 난처해지기는 마찬가지다. 공자가 만약 위나라의 출공을 도와 진나라의 괴외와 싸운다면 아들이 아버지를 공격하는 일을 도와주는 꼴이 된다.

결국 공자의 제자 중 자로는 이 일로 인해 목숨을 잃게 되는데 출공을 도와달라는 요청을 뿌리치지 못했기 때문이다. 공자는 자로에게 출공을 돕는 일은 너무 위험해 목숨을 보전하기 힘들 것이라며 만류했다. 하지만 자로는 스승의 말을 듣지 않았다.

자로의 성격을 보고 '제명에 죽지 못할 것不得其死然'이라고 말했던 공자의 말을 선견지명이라고 하기에는 자로의 삶이 너무 불운해 보인다. 자로는 죽음을 앞둔 상황에서도 아주 용감하게 행동했고 스승의 가르침을 따랐다. 죽기 직전 모자가 삐뚤어진 자로는 군자는 어떤 순간에도 모자를 단정하게 써야 한다는 공자의 말을 기억하며 모자를 고쳐 썼다고 한다.

위나라 정치 참모였던 공자가 위험해 처한 군왕을 두고 나라를 떠난 것은 의리가 없는 것일까? "어짊을 구해 어짊을 얻었는데 어찌 원망했겠느냐"라는 공자의 말은 자기 이익을 보존하기 위해 위나라를 떠나는 것은 아니라는 점을 알려준다. 백이와 숙제는 예와 양보를 아는 사람이었던 반면 위나라의 괴외와 출공은 아니었다. 만약 괴외와 출공이 백이와 숙제와 같은 현인이었다면 공자는 위나라를 떠나지 않았을 것이다.

"어짊을 구해 어짊을 얻었는데 어찌 원망했겠느냐"라는 구절을 나는 늘 암송한다. 나는 다른 사람들에게 좋은 책들을 많이 소개하는데 주로 어진 사람이 되는 법, 상대방의 말에 귀를 기울이는 법, 상대방을 이해하는 법, 상대방이 화를 낼 때 대처하는 법이 담겨 있는 책들이다. 이런 내게 한 친구가 말했다.

"어째서 그런 걸 배우려는 거야? 우리가 좋은 사람이 되는 법, 다른 사람을 예의 있게 대하고 양보하는 법, 사랑하고 감정에 잘 대처하는 법을 배운다고 뭐가 달라지겠어? 다른 사람이 그렇게 하지 않으면 소용없잖아? 왜 다른 사람은 하지 않는 걸 우리는 지켜야 하지?"

이런 말을 하는 이유는 좋은 사람이 되는 것이 손해라고 생각하기 때문이다. 나는 이런 말을 들을 때도 공자의 말을 암송한다.

"어짊을 구해 어짊을 얻었는데 어찌 원망했겠느냐."

좋은 사람이 되는 것은 자신에게 주는 가장 큰 상이다. 고통스러워하거나 억울해할 필요가 없다. 성숙한 사람이 된다는 것은 무엇이 옳고 틀렸는지를 안다는 것이다. 내면의 안정과 평화, 즐거움이 없다면 어짊을 구한들 어짊을 얻을 수 없다.

◆◆◆

락역재기중의

樂亦在其中矣

그 어떤 재물과도 바꿀 수 없는
감성의 가치

공자가 말하길 "거친 밥을 먹고 물을 마신 뒤 팔을 굽혀 베니 즐거움이 그 가운데 있다. 의롭지 않은 부와 귀한 것은 나에게는 뜬구름과 같다!"

子曰 "飯疏食, 飮水, 曲肱而枕之, 樂亦在其中矣. 不義而富且貴, 於我如浮雲!"

자왈 "반소사, 음수, 곡굉이침지, 락역재기중의. 불의이부차귀, 어아여부운!"

공자가 행복에 관해 말하고 있다.

"거친 밥을 먹고"는 초라한 음식을 말한다. 문장에 쓰인 '수水'는 차가운 물이다. 뜨거운 물은 '탕湯'이라고 적는다. 변변치 않은 음식에 찬물을 마셨다는 것은 허기진 배를 값싼 음식으로 채웠다는

말이다. "팔을 굽혀 벤다"라는 구절은 팔베개한다는 뜻이다. 공자
는 거친 음식과 냉수가 산해진미와 다를 게 없다는 듯 "즐거움이
그 가운데 있다"라고 말한다.

공자가 말하는 즐거움은 어떤 것일까? 다음 구절에 그 이유가
나온다.

"의롭지 않은 부와 귀한 것은 나에게는 뜬구름과 같다."

공자는 부정한 방법으로 축적한 부보다 의로운 가난이 더 즐거
운 일이라고 말한다.

송나라 유학자들은 다음과 같은 시험 문제를 냈다고 전해진다.
"공자와 안회의 즐거움은 무엇인가?"

『논어』에는 안회는 더러운 골목에 살면서 한 그릇의 밥과 표주
박의 물로 하루를 지내도 즐거움이 변하지 않았다고 기록돼 있다.
공자는 거친 밥을 먹고 물을 마신 뒤 팔베개하며 즐거워했다.

살아있다는 것 자체가 즐거운 일이다. 숨을 쉰다는 것은 신비롭
다. 우리는 공기를 내뱉으면 자연스럽게 다시 공기를 들이마신다.
들숨과 날숨의 신비함과 즐거움을 깨닫는 것은 불교에서 말하는
'법희法喜의 충만함'이다. 공자는 언제 어디서든지 물질에 구애받
지 않고 즐거움을 느낄 수 있는 사람이었다.

행복은 어떤 '상태'가 아니라 '능력'이다. 권력을 쥐는 것, 돈방석에 앉는 것, 호화로운 집에서 사는 것 등 물질의 풍요로운 상태가 곧 행복을 의미할 수는 없다. 아무리 많은 재산이 있어도 마음이 어지럽다면 행복할 수 없다. 행복은 내면의 만족을 느낄 수 있는 능력이 있는지에 따라 결정된다. 행복을 느끼는 능력을 갖추었다면 거친 음식을 먹고 차가운 냉수를 마신 뒤 팔베개를 하는 것에서도 즐거움을 찾을 수 있다. 하지만 행복을 느끼는 능력이 없는 사람은 돈방석에 앉아 있어도 마음이 초조하고 불안하다.

혹자는 공자가 부에 대해 냉소적인 태도로 말한다고 한다. 하지만 공자는 부유함 그 자체를 배척한 것이 아니다. 그는 의롭지 않은 방법으로 부자가 되는 것을 비판하는 것이다. 부에 대한 냉소적인 태도는 다음과 같은 것이다.

해변을 지나던 한 사람이 게으름을 피우는 사람을 만났다.

나그네 자네는 아무 일도 안 하고 해변에 누워서 청춘을 낭비하고 있군.

게으름뱅이 그럼 자네는 바쁘게 일하는가?

나그네 나는 일하느라 바쁘네.

게으름뱅이 무슨 일을 하느라 바쁜가?

나그네 돈을 버는 일을 하지

게으름뱅이 돈을 벌어서 뭘 하려고?

나그네 돈을 벌어서 집을 사야지.

게으름뱅이 집을 산 뒤에는 뭘 할 건가?

나그네 해변에 누워서 즐겨야지.

게으름뱅이 나는 지금 이미 그걸 하고 있네.

공자의 행복한 사색   '평범함을 특별함으로!'

거친 밥을 먹고 냉수를 마신 뒤 팔베개를 하며 즐기는 삶. 이런 일상은 누구나 얻을 수 있는 것이다. 하지만 이 지극히 평범하고도 특별할 것 없는 시간도 '행복하다'라고 느끼면 지상낙원이 될 수 있다. 공자는 내면을 다스려 그 어떤 순간에서도 행복을 느낄 수 있었다. 이것이 바로 초월과 해탈의 경지에 오른 인물만이 할 수 있는 능력이다.

오십이학『역』

五十以學『易』

세기의 학자 공자도
학습의 게으름을 후회한다

공자가 말하길 "나에게 몇 년의 시간을 빌려주어 쉰 살 때『역』
을 배울 수 있다면 큰 허물이 없게 될 것이다!"
子曰 "加我數年, 五十以學『易』, 可以無大過矣!"
자왈 "가아수년, 오십이학『역』가이무대과의!"

　공자가 배우고 싶다고 말한『역』은 '사서오경四書五經' 중의 하나
를 말한다.『논어』,『맹자』,『대학』,『중용』이 '사서'이고,『역경』,
『시경』,『서경』,『예기』,『춘추』가 '오경'이다.『역경』에는「연산」,
「귀장」,「주역」으로 구성됐지만「연산」과「귀장」은 전해지지 않는
다. 따라서『역경』은『주역』을 가리킨다.

공자가 말했다.

"하늘이 나에게 몇 년의 시간을 빌려줘서 50세에 『주역』을 배울 수 있다면, 내 인생에 큰 잘못을 저지르지는 않을 것이다."

이 말을 했을 당시 공자의 나이는 몇 살이었을까? 역사가 사마천은 공자가 늦은 나이에 『주역』을 좋아했다고 주장했다. 50세 이후 나이가 들어서 공자는 『주역』을 더 심도있게 공부하면서 깨달았던 것이라 생각된다.

『주역』을 어떻게 하면 흉운凶運을 물리치고 길운吉運을 잡느냐 하는 점복占卜을 다루는 책으로만 생각하는 사람들이 있다. 하지만 다음과 같은 문장들을 살펴보면 생각이 달라질 것이다.

"물에 잠겨 있는 용은 쓰지 않는다潛龍勿用."

"용이 나타나 밭에 있다見龍在田."

"종일 끊임없이 노력한다終日乾乾."

"뛰었으나 아직 연못에 있다或躍在淵."

"용이 하늘로 날아간다飛龍在天."

"하늘에 오른 용이 후회한다亢龍有悔."

위 문장들은 인생에 교훈이 될 만한 내용을 담고 있다. 우주 만물 중에서 하늘이 맨 처음 생겼다는 『주역』의 '건괘乾卦'가 중요한 이유는 언제 어디서든지 겸손한 태도를 유지해야 한다는 중요한 교훈을 담고 있기 때문이다. "아닌 것이 극에 달하면 편안함이 온다否極泰來"라는 『주역』의 문장도 막다른 지경에 몰리더라도 노력하면 상황이 좋아진다는 교훈이 담겨 있다.

공자에게 『주역』은 중요한 지식을 담고 있는 책이었지 운명을 점치는 책이 아니었다. 나라가 점에 기대면 제대로 다스려질 수 없다. 『주역』에는 운명과 예언이 아니라 우주의 원리에 대한 생각들이 담겨 있다. 삶의 리듬을 통제하는 방법과 어떤 일을 하든 극단이 아닌 중용을 지켜야 한다는 점을 『주역』은 알려준다.

공자의 행복한 사색　'공부의 적확한 시기'

공자는 5, 60대에 여러 나라를 떠돌아다니면서 많은 고생을 했다. 늦은 나이에 공자는 『주역』에서 자신이 주장해온 중용의 도를 뒷받침하고 검증할 수 있다는 점을 깨달았다. 그래서 아마도 『주역』을 일찍 배웠다면 좀 더 현명하게 난세에 대처할 수 있었다고 생각한 모양이다.

◆ ◆ ◆

락이망우

樂以忘憂

몰입을 통해 얻는
삶의 즐거움

섭공이 자로에게 공자에 관해 묻자 자로는 대답하지 않았다.
공자가 말하길 "너는 어찌 '그 사람은 분발하여 먹는 것을 잊고
즐거움으로 걱정을 잊어 늙음이 장차 다가오는 줄도 모른다'라
고 말하지 않은 것이냐."

葉公問孔子於子路, 子路不對.

子曰 "女奚不曰: '其爲人也, 發憤忘食, 樂以忘憂, 不知老
之將至云爾'"

섭공문공자어자로, 자로부대.

자왈 "여해불왈: '기위인야, 발분망식, 락이망우, 부지로지장지
운이'"

문장에 쓰인 '섭葉'은 현재 잎을 뜻하는 '엽'으로 많이 쓰지만, 과

89

거에는 땅이름 '섭'으로 많이 썼다. 고대에는 큰 고을인 '현縣'을 '공公'이라 불렀고, 작은 현을 '윤尹'이라 불렀다. 문장에 '섭공葉公'은 큰 고을을 뜻하는 섭현葉縣의 지방관리를 뜻한다.

『논어』에 자주 등장하는 심제량沈諸梁이라는 사람은 섭공이다. 그는 공자에 대해 잘 알지 못했다.

여러 나라를 돌아다니던 공자가 심제량이 관리하는 섭현에 왔다. 그가 공자의 제자 자로에게 물었다. "공자는 어떤 사람입니까? 스승님에 대해 말씀해 주십시오." 그러나 자로는 말주변이 없었다. 질문에 대한 답을 찾지 못한 자로가 공자에게 돌아가 말했다. "섭공이 스승님에 대해 물었는데, 어떻게 대답해야 할지 몰라서 아무 말도 안 했습니다."

그러자 공자는 자로에게 이렇게 말했다.

> "너는 어째서 내가 바쁘게 일하고 노력하느라 밥 먹는 것도 잊고, 즐거움을 누리느라 걱정스러운 일도 잊으며, 매일 즐겁게 생활한다고 말하지 않았느냐. 나는 비록 나이가 많지만, 제자들과 공부하고 여러 나라를 돌아다니는 즐거움으로 늙어가는 것도 모를 정도로 배움에 몰입하며 지내고 있다."

사람은 자신을 소개할 때 그 사람의 자신감이 어느 정도인지 드러나게 마련이다. 예를 들어서 자신의 직위를 강조해 소개하는 사람은 사람들의 인정을 받기를 원하는 사람이다. 타인에게 건네는 명함도 그렇다. 마케팅 담당자의 명함에는 연락처와 직위가 빼곡하게 적혀 있는 반면, 성공한 사람의 명함에는 이름과 전화번호만 적혀 있다. 자신을 소개하면서 외부 조건인 사회적 지위에 중점을 둘수록 우리 내면은 걱정과 초조함이 커지고 스트레스가 많아지게 된다.

그렇다면 어떻게 자신을 소개해야 마음이 편하고 즐거워질까? 자기 직업의 지위가 아닌 자신의 본질을 소개한다.

저는 정직한 사람입니다.

저는 성실한 사람입니다,

저는 신용을 지키는 사람입니다,

저는 사랑할 줄 아는 사람입니다,

저는 돕는 걸 좋아하는 사람입니다,

저는 신뢰할 수 있는 사람입니다.

자신을 미화하기 위한 거짓말이 아니라 평상시 모습을 말한 것이라면 스트레스를 받을 필요도 없고 초조해할 필요도 없다. 시인 이백은 다음과 같이 말했다.

"하늘이 나에게 재주를 주었으니 반드시 쓰임이 있을 것이다天生我材必有用."

"내 평생 어찌 초야에만 묻혀 있을 사람인가我輩豈是蓬蒿人."

시인 유영柳永은 이렇게 말했다.

"재주를 가지고 글 쓰는 사람은 본래 백의의 재상이다才子詞人, 自是白衣卿相."

자신의 자아를 돌아보고 자신이 가진 특징을 받아들이게 되면 마음이 편하고 즐거워져서 내면의 힘이 생긴다. 내면의 힘은 자신의 가치관에 집중할 때 생겨나는 것이다.

사람들이 사회에서 스트레스를 받는 이유 중 하나는 자신의 직위와 자신의 본성을 동일시하기 때문이다. 그래서 자신이 어떤 신분을 얻어야 하는지 고민하고 지금의 명성이 거짓인지 진짜인지, 자신의 학위가 충분한지 아닌지 생각한다. 그리고 다른 사람이 자신을 무시하면 어쩌나 걱정한다.

우리는 자신의 본질로 돌아가야 한다. 외부 신분이 아닌 자기 내면의 특징에 주목하면 스트레스가 사라지고 자신감이 넘칠 것이다. 공자는 자신을 소개할 때 자신이 노나라에서 벼슬했다거나 수많은 제자의 스승이라고 말하지 않았다. 공자에게 이런 것들은 거론할 가치가 없는 외부의 평가들이다. 비록 여러 나라를 떠도는 처지였지만, 공자는 외부의 평판으로 자신을 꾸밀 생각을 하지 않았다. 그저 자신을 학문에 열중하느라 먹는 것도 잊고 하루하루를 즐겁게 사는 노인일 뿐이었고 그것으로 만족했다.

공자의 행복한 사색 '몰입하면 따라오는 행복'

공자는 노력하면서 즐거워해야 비로소 몰입의 상태에 이를 수 있다는 걸 잘 알고 있었다. 즐겁기만 하고 노력하지 않으면 몰입의 상태가 되지 않는다. "분발하여 먹는 것도 잊는다"라는 공자의 말은 노력을 뜻한다. "즐거움으로 걱정을 잊는다"는 말은 즐거움을 뜻한다. 그리고 "늙음이 장차 다가오는 줄도 모른다"라는 말은 몰입의 상태에 이미 들어섰다는 의미다. 삶의 즐거움은 몰입에 있는 것이다.

아비생이지지자

我非生而知之者

인지부조화의 고개를 넘어야
성공이 보인다

공자가 말하길 "나는 태어나면서부터 알았던 사람이 아니다.
옛것을 좋아해서 민첩하게 그것을 구한 사람이다."
子曰 "我非生而知之者. 好古, 敏以求之者也."
자왈 "아비생이지지자. 호고, 민이구지자야."

사람들은 어느 한 분야에서 뛰어난 성공을 거둔 사람을 말할 때
'천재'라는 단어를 많이 사용한다. 음악의 천재 모차르트, 세상을
바꾼 천재 아인슈타인, 발명의 천재 에디슨 등등. 우리가 천재라
는 단어를 쓰는 것은 그들을 칭찬하기 위함일까? 사람들이 천재라
는 말을 사용하는 이유는 다른 곳에 있다. 그들처럼 되기 위한 노
력을 하기 싫기 때문이다.

사람들은 일관성이 깨지는 것을 싫어한다. 자신의 생각이나 태도, 신념과 일치하지 않은 일을 겪게 될 때 사람들의 마음은 불편해진다. 예를 들어 음악적 재능이 있다고 자부하는 작곡가가 있다고 치자. 작곡가는 고민한다. '나는 왜 모차르트처럼 유명해질 수 없지?' 그리고 결론을 내린다. '그래, 모차르트는 천재잖아. 나랑은 다른 사람이지.' 그리고 그는 작곡에 쏟아붓는 열정을 줄여나간다.

'인지부조화이론'은 개인이 가진 신념, 생각, 태도와 행동 사이의 부조화에서 유발되는 심리적 불편함을 해소하기 위해 원래 지녔던 태도나 행동을 변화시키는 것을 말한다. 위에서 예를 든 작곡가가 유명해질 수 없는 이유는 그가 천재가 아니기 때문이 아니다. 단지 노력을 하지 않았을 뿐이다. 하지만 그는 그 노력과 행동을 포기하고 애초에 가졌던 신념과 생각을 바꾼다. '나는 모차르트처럼 재능있는 천재가 아니니 노력해 봤자 소용이 없을 것'이라고 말이다.

인지부조화로 인해 괴로울 때는 어떻게 해야 할까? 심리적 불편함을 견디며 애초 가졌던 신념과 태도를 실현하기 위해 노력해야 한다. 누구나 노력하면 훌륭한 음악가가 될 수 있다는 사실을 우리는 알고 있다. 천재는 태어나는 것이 아니라 만들어지기 때문이다. 공자도 자신을 본래 뛰어난 사람이라고 생각하지 않았다. 공자는 다음과 같이 말했다.

> "나는 태어나면서부터 알았던 사람이 아니다. 태어나면서부터 아는 사람은 성인인데, 나는 그런 사람이 아니다."

하지만 다른 사람들과 제자들은 공자가 태어나면서부터 깨달았던 사람이기를 바랐다. 그래야만 공자처럼 배우고 노력하지 않을 수 있고 인지부조화도 해결할 수 있기 때문이다.

후대에 성인이라는 명예를 얻게 된 사람들은 불굴의 투지를 갖고 있었다. 명나라 유학자 왕양명은 18세 때 강서 지역의 대학자 누량婁諒을 만났다. 그는 왕양명에게 이렇게 말했다.

> "성인이 되려면 반드시 배워야 한다."

누량의 말은 왕양명의 인생을 바꾸었다. 평범한 사람이라도 공부에 힘쓴다면 공자와 같은 성인의 경지에 이를 수 있다는 깨달음 때문이었다.

사람을 평가할 때 '천재'라는 단어를 사용하는 것은 우리 스스로를 낮추는 일이다. 그리고 내면에 잠재된 천부적인 자질도 잃게 만든다. 이를 알고 있는 공자가 제자들에게 "나는 태어나면서부터 알았던 성인이 아니다."라고 말한 것이다.

공자가 이어서 말했다.

"옛것을 좋아해서 민첩하게 그것을 구한 사람이다."

여기서 "옛것을 좋아한다"라는 구절은 배움을 좋아했다는 것이다. 공자는 자신의 사상만 주장하지 않고, 과거의 것들을 배우는 것을 좋아했다. 『1만 시간의 재발견』의 저자 안데르스 에릭슨 박사는 자기 분야에서 최정상에 오른 사람들의 성공 비결은 타고난 재능이 아닌 오랜 시간의 노력 덕분이라며 천재의 신화를 깨뜨렸다.

공자는 사람을 다음과 같이 분류했다. 태어나면서부터 아는 사람, 배워서 아는 사람, 곤경에 처해야 배우는 사람. 태어나면서부터 아는 사람이 바로 성인이다. 배워서 아는 사람은 의혹이 생겨서 배움을 시작하는 사람이다. 그런데 한 가지가 더 있다. 곤경에 처해도 배우지 않는 사람. 이런 사람들은 곤경에 처해도 배우려 들지 않아 매일 힘들게 살고 고통 속에서 괴로워한다. 그리고 고통의 원인을 다른 사람 탓으로 돌리며 자신을 합리화한다.

공자의 행복한 사색 '타고난 천재가 아닌 노력하는 수재'

공자는 요임금과 순임금을 성인이라 생각했다. 하지만 생존해 있는 사람들에게 성인이라든가 어진 사람이라는 평가를 내린 적은 없다. 공자는 그래서 태어나면서부터 아는 사람을 본 적이 없다고 말했다. 다시한번 말한다. 천재는 태어나는 것이 아니라 만들어지는 것이다.

자불어괴, 력, 난, 신
子不語怪, 力, 亂, 神

공자가 결코 입에 담지 않았던
네 가지

공자는 괴이한 것, 힘쓰는 것, 어지러운 것, 귀신에 관한 것을
말하지 않았다.
子不語怪, 力, 亂, 神.
자불어괴, 력, 난, 신.

청나라 시대 문인 원매袁枚가 쓴 『자불어子不語』는 이번 문장에서
제목을 따왔다. 원매는 '공자가 말하지 않은 것(자불어)'에 대해 말
하며 당대의 사회상과 지식인의 고뇌 등을 단편 소설집으로 썼다.

공자가 말하지 않은 것은 무엇일까? 괴이한 것, 힘쓰는 것, 어지
러운 것, 귀신에 관한 것이다.

문장의 뜻은 어렵지 않다. "괴이한 것"은 버뮤다 삼각 지대에서

제7편 술이述而 편 | 어짊으로 무장한 공자의 자태

벌어지는 것과 같은 '초자연적인 현상'을 말한다. "힘쓰는 것"은 폭력, 권력, 전쟁을 말하며, "어지러운 것"은 스캔들, 염문설과 같은 소문을 말한다. 마지막으로 "귀신에 관한 것"은 영적인 존재에 대한 것이다. 공자는 이 네 가지에 대해서 말하지 않았고, 이에 대한 대화에도 참여하지 않았다.

　자신의 언행을 단속하는 것은 중요하다. 말은 생각에 영향을 주고, 생각은 행동에 영향을 주고, 행동은 습관에 영향을 주고, 습관은 결국 인생을 변화시킨다. 언행이 중요한 이유가 여기에 있다. 모르는 일은 함부로 말하지 말고, 논쟁의 소지가 있는 것은 함부로 거론하지 말며, 어질고 의롭지 않은 일은 주장하지 말아야 한다. 공자는 생각과 행동, 습관과 인생에 영향을 끼치는 이 네 가지에 대해 논의하지 않을 것이라는 원칙을 고수했다.

　공자가 말하지 않겠다는 네 가지 소재는 사람들이 흥미롭게 듣고 싶어하는 이야기들이다. 따라서 이것저것 흥미를 유발하는 일에 관해 말하기 좋아하는 호사가들은 이런 이야기들에 관심을 보인다. 하지만 우리는 이런 것들이 문제를 해결하는 데 아무런 도움도 되지 않는다는 사실을 알아야 한다. 예를 들어서 어떤 유명인의 자살 사건을 언론사들이 앞다투어 보도한다고 가정해 보자. 이런 보도는 더 많은 자살을 유발시킬 수 있다. 자신이 모델로 삼거나 존경하던 인물이 자살할 경우, 그 사람을 따라서 자살하는 현상을 '베르테르 효과'라고 한다. 독일의 문호 괴테가 쓴『젊은 베르테르의 슬픔』을 읽은 독자 일부가 권총으로 자살한 주인공을 따라 목숨을 끊었던 현상에서 유래된 용어다.

신비롭고 기괴한 일이나 스캔들은 대부분 자신과 무관한 일이다. 하지만 미디어의 감성적인 보도는 대중들의 합리적인 사고를 방해한다. 따라서 언론계 종사자들과 미디어 관계자들은 이렇게 알 수 없는 이야기들을 다루는데 신중해야 한다. 그리고 우리도 이런 이야기들에 너무 빠져들지 말아야 할 것이다.

공자의 행복한 사색 '생각과 말이 곧 내 자신'

공자는 자신에게 도움이 되지 않거나 사람들에게 해가 될 법한 것들은 입에 담지 않았다. 그에게는 3천여 명의 제자가 있었고, 이는 공자가 늘 옳은 말을 하는 이유, 비단 말에서 끝나는 것이 아닌, 언행일치의 모범을 보인 이유이기도 할 것이다. 자신의 말 한마디, 생각 한 구절은 곧 3천여 명의 제자들에게 작고 큰 영향을 미친다. 그러니 비록 홀로 있을지라도 괴이한 것, 힘쓰는 것, 어지러운 것, 영적인 것에 관한 것은 생각조차 하지 않았을 것이다.

택기선자종지

擇其善者從之

수천 년 전 공자도 강조한
'부의 엔트로피'와 '마인드셋'

공자가 말하길 "세 사람이 길을 가면 반드시 나의 스승이 있으니 그중에 선한 점을 가려 따르고 선하지 못한 점은 바로잡아야 한다."

子曰 "三人行, 必有我師焉. 擇其善者而從之, 其不善者而改之."

자왈 "삼인행, 필유아사언. 택기선자이종지, 기불선자이개지."

여러 사람이 함께 걸어가면 그중에는 분명히 어떤 분야에서 나보다 뛰어난 사람이 있기 마련이다. 이때 타인의 장점은 배우고 단점은 반면교사로 삼아 자신을 돌아볼 줄 알아야 한다.

누군가는 공자의 이 말이 너무 뻔하다며 폄훼하기도 한다. 하지만 '세 살짜리 어린아이도 들어서 알 수는 있지만 여든 살의 노인도 실천하기 어려운 것'이 바로 이 말이다.

우리는 타인의 장점과 선한 면을 알기 위해서 겸손함을 바탕에 깔아 두어야 한다. 겸손함이 부족하면 다른 사람의 성과에 함께 기뻐하고 즐거워할 수 없으니 그 선함을 가려서 따를 수 없기 때문이다.

어떤 집단에서 두각을 나타내는 유능한 사람의 존재는 당사자에게만 좋은 일이 아닌 주변 사람들에게도 선한 영향을 끼치기도 한다. 그럼에도 유능한 사람의 결점을 찾아내 비방하려는 사람들이 많다. 이처럼 훌륭한 사람들이 비난을 받고 구설수에 오르는 이유는 뭘까? 어째서 유능한 사람의 비극이 더 재미있게 느껴질까? 인지부조화 때문이다. 자기 자신이 유능하다고 생각하는 사람은 자신보다 유능한 사람을 보고 인지부조화를 느낀다. 따라서 어떤 이유를 만들어내서라도 그 사람의 단점을 발견해내야만 자신의 유능함에 대한 태도를 유지할 수 있는 것이다.

"그중에 선한 점을 가려 따르는 것"은 '부의 엔트로피Negative Entropy' 행동이다. 부의 엔트로피 행동은 '엔트로피 증가Increase of Entropy' 행위와 반대되는 개념이다. '엔트로피'는 무질서의 상태가 확대되는 법칙을 말한다. '엔트로피 증가 행위'는 규칙이나 사회 도덕 등에 구속받지 않고 자신이 하고 싶은 대로 행동하고 편안한 쪽으로 행동하는 것을 말한다. 예를 들어서 집에서 소파에 누워 있는 것을 좋아하는 사람은 집안이 어질려져도 신경 쓰지 않고 계속 누워만 있으려고 한다. 다른 사람을 비판하는 것을 좋아하는 사람은 다른 사람의 뛰어난 점을 깎아내리고 잘못을 들춰내고 트집을 잡고 각종 스캔들을 찾아내 비방하는 것을 좋아한다. 이와 같은 '엔트로피 증가 행위'는 잔을 던져 깨뜨리는 것처럼 누구나 쉽게 할 수 있는 행동이다.

반면 '부의 엔트로피 행위'는 엔트로피의 증가를 막기 위해 외부의 에너지를 계속 받아들이는 것을 말한다. 어떤 목적에 도달하기 위해 자신을 더 좋은 방향으로 바꾸기 위해 노력하며 애쓰는 것이 '부의 엔트로피 행위'이다.

이 세상의 모든 것들은 무질서를 향해 나아간다. 하지만 어떤 체계를 유지하기 위해서는 그에 맞는 노력과 에너지가 필요하다. 위에 예시처럼 소파에만 누워 있으면 집안은 점차 무질서하게 변화된다. 이때 행동을 변화시켜 청소를 한다면 무질서를 막을 수 있다. 이것이 '부의 엔트로피 행위'이다. 비록 깨진 잔은 다시 원래 상태로 되돌릴 수는 없지만 잔이 깨지지 않게 노력할 수는 있다.

상대방의 단점을 알고 있어도 여전히 그의 장점을 바라보고 자신보다 뛰어난 점이 있다는 것을 인정하며 본받기 위해 노력하는

것이 바로 '부의 엔트로피 행위'에 해당한다. '선한 점을 가려 따르
는 것'은 그래서 '부의 엔트로피 행위'인 것이다.

다음으로 "선하지 못한 점은 바로잡는다"라는 것은 다른 사람의
잘못을 보고 반면교사로 삼는 태도를 말한다. 다른 사람의 행동은
엄격한 잣대를 내밀어 비판하며 자신에게 관대한 사람은 선하지
못한 점을 바로잡을 수 있는 능력이 없다. 타인의 과오를 남의 일
이라고 치부하며 그냥 넘기지 말자. 자기 자신이 옳다는 점만 증
명하려 하거나 자신이 유식하다는 점만 드러내는 것은 발전이 없
다. '나는 계속 성장할 수 있다'라는 '마인드셋'이 필요하다.

> **공자의 행복한 사색**   '부의 엔트로피로 마인드셋하라!'

'부의 엔트로피 행위'를 통해서 엄격하게 자신을 단속하고 타인의 선한
점을 가려 따르고 단점을 바로잡는 '성장의 마인드셋'을 하자. 타인의
행동과 결과는 그것이 옳고 그르건 간에 모두 자신에 대한 교훈으로 삼
을 수 있다. 타인은 언제나 나에게 참고서가 된다. 공자의 말은 쉽다. 하
지만 실천하기는 어렵다. '부의 엔트로피 행위'나 '마인드셋'이라는 용어
는 이렇게 쉬운 행동들을 실천할 수 있도록 돕는 하나의 도구가 될 수
있다.

천생덕어여

天生德於予

기적을 불러오는
사명감과 책임감

공자가 말하길 "하늘이 나에게 덕을 주었으니 환퇴가 나를 어찌할 수 있겠느냐?"

子曰 "天生德於予, 桓魋其如予何?"

자왈 "천생덕어여, 환퇴기여여하?"

이 문장에서 쓰인 '여여하^{如予何}'는 "나를 어떻게 할 수 있겠는가"라는 뜻이다.

사마천의 역사책 『사기』에 따르면 노년의 공자는 목숨이 위태로웠던 일을 겪었다. 위나라를 떠나 진나라로 향하던 공자는 잠시 송나라에 체류했다.

공자가 큰 나무 아래서 제자들과 함께 세상의 이치를 논하고 있었을 때의 일이다. 송나라의 대부 사마환퇴가 공자를 암살하기 위해 병사를 시켜 공자가 있던 큰 나무를 베어 넘어뜨리게 했다. 다행히 공자는 목숨을 건졌지만 즉시 송나라를 떠날 수밖에 없었다.

위의 문장은 공자에게 제자들이 빨리 송나라를 떠나자고 권할 때 한 말이다.

송나라의 실세였던 사마환퇴는 어째서 나무를 베어 쓰러뜨리는 기괴한 방법으로 공자를 죽이려 했을까? 활을 쏴서 죽이는 것이 더 쉽지 않았을까? 나는 사마환퇴가 공자를 꼭 죽이려 했던 것이라기보다는 송나라에서 공자를 내쫓기 위해서 위협적으로 나무를 쓰러뜨렸다고 생각한다. 송나라 군왕은 공자를 공손히 맞이하고 공자와 제자들을 중용하려 했다. 이에 군왕의 총애를 받았던 사마환퇴는 공자가 자신의 자리를 차지할 것이라는 두려움을 느꼈을 것이다.

암살 시도가 벌어지자 제자들이 공자에게 말했다. "스승님, 얼른 떠나셔야 합니다. 여기는 위험하니 최대한 빨리 떠나는 게 좋겠습니다." 그러자 공자가 대답했다.

"하늘이 나에게 덕을 주었으니 환퇴가 나를 어찌할 수 있겠느냐?"

제7편 술이述而 편 | 어짊으로 무장한 공자의 자태

이 말은 '하늘이 나에게 덕행을 부여해 많은 책임을 짊어지게 하고 덕행을 알릴 임무를 주었는데 환퇴가 하늘의 뜻을 거스를 수 있겠느냐'라는 의미다.

송나라의 광匡이라는 지역에서도 공자는 신변의 위협을 받았다. 광은 공자의 고향인 노나라의 침략을 받았던 지역이다. 공자는 이 때도 비슷한 말을 했다. "광 지역 사람들이 나를 어찌할 수 있겠느냐?" 하늘이 나에게 책임을 짊어지게 했는데, 이 사람들이 나를 어떻게 할 수 있겠느냐는 말이다. 공자는 아무리 위험한 상황에서라도 늘 자신감이 넘치는 말을 했다. 이는 무엇을 의미할까?

전한前漢 시대의 정치가 왕망도 한나라 군대가 왔을 때 주변 사람들에게 "한나라 군대가 나를 어찌할 수 있겠는가"라고 말했다. 왕망은 자신을 정통을 이을 계승자로 생각했기에 한나라 군사가 나를 어찌할 수 있겠느냐고 말한 것이다. 하지만 공자와 달리 왕망은 처참한 최후를 맞았다. 하늘이 왕망에게 덕을 주지 않았던 것일까?

공자의 말은 유학자들에게 정신적 지주가 되었다. 일본이 중국을 침략했을 때의 일이다. 한 유학자가 중국에서 홍콩으로 가기 위해 배를 탔다. 일본군의 비행기가 폭탄을 퍼부었고 홍콩으로 향하던 많은 배가 폭격을 맞고 좌초했다. 사람들은 모두 선실 안에 숨었다. 하지만 그 유학자는 전혀 두려워하지 않고 뱃머리에 꼿꼿하게 서 있었다. 폭격이 멈추자 어떤 이가 학자에게 물었다. "선생님, 폭격이 내리치는 데도 뱃머리에 서 계시다니 무섭지 않으셨습니까?" 그러자 학자가 말했다. "아직 책 두 권을 마저 쓰지 못했는데, 어찌 죽을 수 있겠습니까." 공자가 한 말과 같은 이치이다. 『논어』를 읽은 사람들은 이 말을 정신적 지주로 삼았다.

노벨문학상을 수상한 알베르 카뮈Albert Camus를 다룬 『카뮈, 지상의 인간Albert Camus: A Biography』에 소개된 일화를 하나 소개한다.

독일에 점령당했던 파리에서 일어났던 일이다. 전쟁에서 수세에 몰린 독일군이 파리에서 철수하기 시작했다. 이에 연합군 비행기가 독일군을 폭격했다. 파리의 시민들은 철수하는 독일군을 쫓았다. 연합군에 폭격당하는 독일군을 쫓는 것은 위험천만한 행동이었다. 파리의 시민들은 왜 독일군을 쫓았던 것일까? 그들은 전쟁에서 승리하리라는 믿음이 있었다.

연합군의 비행기 폭격만으로는 점령당한 파리를 되찾을 수 없었을 것이다. 하지만 연합군의 폭격은 파리 시민에게 승리의 확신을 안겨다 주었다. 숨죽이고 지내던 프랑스인들은 총을 들고 포탄이 쏟아지는 전장으로 향했다. 그들은 마지막까지 시가전을 벌이며 독일에 항전했다. 파리 시민들이 죽음을 두려워하지 않았던 것은 그들이 꼭 해야 할 일이 있었기 때문이다.

"여기서 적을 차단하면 우리 동부 전투지역은 탄알을 적게 사용할 수 있다!"

파리 시민들은 프랑스 전체를 생각했다. 그리고 이 지역에서 승리하는 것이 다른 도시의 시민들을 돕는 것이라고 생각했다. 연대감에 의해 촉발된 책임감이었다.

공자의 행복한 사색 '주어진 임무를 천명으로!'

공자 역시 책임감이 강했다. 자신이 맡은 일을 천명으로 여겼다. 이러한 사명감은 때로는 기적을 만들어내기도 한다. 목숨을 위협하는 일들이 벌어져도 자신을 굳건히 믿는 신뢰가 바탕이 되어 있다면 그런 어려움은 빗겨나가기 마련이다. 일신을 위해 해야 할 일을 버리고 도피하지 않고 끝까지 해야 할 일을 지키고 마무리 짓는 것. 이것이 공자가 지금껏 숱한 위기를 견뎌내고 극복할 수 있었던 기적의 힘이었다.

나는 논어를 만나 행복해졌다

◆ ◆ ◆

오무은호이

吾無隱乎爾

아낌없이 모든 것을 가르쳐주는
스승이 진정한 스승이다

공자가 말하길 "너희들은 내가 숨긴다고 생각하는 것이냐? 나
는 너희들에게 숨기는 게 없다. 나는 너희들과 함께 행동하지
않은 적이 없으며 이것이 바로 나 구이다."

子曰 "二三子以我爲隱乎? 吾無隱乎爾! 吾無行而不與二三
子者, 是丘也."

자왈 "이삼자이아위은호? 오무은호이! 오무행이불여이삼자자,
시구야."

　제자들 중에는 공자가 모든 것을 가르쳐주지 않고 숨기는 것이
있다고 생각하는 이들이 있었다. 그래서 공자의 아들 공리를 찾아
가 아버지가 가르쳐준 내용이 자신들이 배운 것과 똑같은지 확인
하기도 했다. 이에 공자가 제자들에게 위의 문장처럼 흉금을 털어

놓고 있는 것이다.

"너희들은 내가 숨기고 가르쳐주지 않는 것이 있다고 생각하는 것이냐? 나는 숨기는 게 없다. 나는 너희들과 함께 행동하지 않은 적이 없으며 이것이 바로 나라는 사람이다."

송나라 정치가이자 문인이었던 구양수는 이런 말을 남겼다.

> "내가 아직 책은 읽지 못한 것이 있지만, 일에서는 다른 사람과 이야기하지 못할 것은 없다書有未曾經我讀, 事無不可對人言."

군자는 떳떳하고 소인은 오래 근심하는 법이다. 공자는 분명 떳떳한 사람이었다. 하지만 모든 것을 다 공개할 이유는 없다. 누구나 사생활이 있기 때문이다. 이 문장에서 공자의 말은 글자 그대로 숨기는 것이 없다는 뜻이 아니라 일을 처리하는데 떳떳하다는 것이다. 공자는 제자들에게 무언가를 숨기기 위해 고심할 필요가 없었고 자신의 사생활을 드러낼 필요도 없었다.

공자는 자하에게 "군자다운 선비가 되어야지 소인다운 선비가 되어서는 안 된다"라고 말했다. 소인다운 선비는 생계를 위해 가르치는 사람을 말한다. 만약 공자가 소인다운 선비였다면 자신의 밥벌이를 위해 모든 것을 가르쳐주지는 않았을 것이다. 가령 어떤 장인은 자신의 밥벌이를 위해 제자에게 모든 것을 가르쳐주지 않는다. 어떤 분야의 장인 기술이 시간이 지날수록 나빠지는 이유 중의 하나는 이 때문이다.

하지만 공자는 군자다운 선비였다. 제자들도 군자다운 선비가 되고자 했다. 천하의 일을 자기 소임으로 생각했던 공자는 천하가 더 좋게 변하기를 바랐기에 3천여 명의 제자를 가르쳐도 항상 부족하다고 생각했다. 그는 제자의 자질에 따라 방식을 달리해서 가르쳤다. 이른바 맞춤식 교육이라 할 수 있었다. 공자의 교육 방식을 이해할 수 없었던 일부 제자가 스승이 무언가 숨기고 있다고 의심했을 수도 있다. 가르침의 핵심을 간파하지 못한 제자들이 자신은 다른 내용을 배우는 것은 아닐까 의심한 것이다.

공자의 행복한 사색 '떳떳하다면 숨길 것이 없다'

공자는 제자들의 모든 의혹을 듣고도 기분 나빠 하지 않았다. 그저 자신의 심정을 허심탄회하게 설명했다. 아무것도 숨기는 것이 없다고 말이다. 공자는 말이 아닌 행동을 통해서도 교육을 했다. '너희들과 함께 행동하지 않은 적이 없으며'라는 공자의 말은 그가 말이 아닌 행동의 중요성을 강조한 것이다.

망이위유, 허이위영

亡而爲有, 虛而爲盈

성인, 군자, 그리고 어진 사람이 그리운 시대

공자가 말하길 "성인을 내가 만나 볼 수 없다면 군자라도 만나 보면 좋겠다!"

공자가 말하길 "선인을 내가 만나 볼 수 없다면 한결같은 사람이라도 만나 보면 좋겠다! 없는 것을 있다고 하고, 비었으면서 가득한 척하며, 가난하면서 부유한 척하면 항심을 갖기가 어려울 것이다!"

子曰 "聖人, 吾不得而見之矣. 得見君子者斯可矣!"

子曰 "善人, 吾不得而見之矣. 得見有恒者斯可矣! 亡而爲有, 虛而爲盈, 約而爲泰, 難乎有恒矣!"

자왈 "성인, 오부득이견지의. 득견군자자사가의!"

자왈 "선인, 오부득이견지의. 득견유항자사가의! 망이위유, 허이위영, 약이위태, 난호유항의!"

공자는 사람을 성인, 어진 사람, 군자, 일반인으로 구분했다. 살아가면서 우리는 성인을 만날 기회가 있을까? 공자는 살아생전 성인을 보지 못했다고 말했다. 우리는 공자를 성인이라 생각하지만 공자는 자신이 성스러움과 어짊에 이르지 못했다고 평가했다.

성인은 천부적인 자질을 가진 사람을 말한다. 그렇다고 뛰어난 자질을 가진 사람이 모두 성인이 될 수 있는 것은 아니다. 성인이 되기 위해서는 우리가 사는 공동체를 더 좋게 만들 수 있는 업적을 쌓아야 한다. 공자는 요임금, 순임금, 우임금, 탕왕, 문왕, 무왕, 주공과 같은 사람들이 성인으로 불릴만하다고 말했다.

공자는 자신은 성인이 아니며 아직 성인을 직접 보지도 못했지만, 군자라도 볼 수 있으면 괜찮다고 말한다. 군자는 성인처럼 찾아보기 힘든 것은 아니다. 실생활에서 우리는 군자를 만날 수 있다. 공자는 다음과 같은 행동을 하는 사람들을 군자라 했다.

"군자는 다른 사람이 성공할 수 있게 도와준다."

"군자는 빈곤함을 잘 견뎌 내는 반면, 소인은 가난해지면 나쁜 일을 저지른다."

"군자는 조화를 이루고 결탁하지 않는 반면, 소인은 결탁하고 조화를 이루지 못한다."

"군자는 화하고 동하지 않는 반면, 소인은 동하고 화하지 않는다."

"군자는 자신을 탓하고 소인은 남을 탓한다."

공자는 선인善人을 직접 본 적이 없다고 말한다. 여기서 선인은
어진 사람을 말한다. 그런데 공자가 어진 사람을 본 적 없다고 말
한 이유는 뭘까? 그 이유는 내면의 경지인 어짊은 끝없이 발전할
수 있기 때문이다. 내면의 경지는 그 사람이 죽은 뒤에 결정된다.
공자가 말한 어진 사람들도 성인처럼 대부분 이미 죽은 옛사람들
이었다. 그래서 공자는 자신을 어진 사람이라 말한 적이 없었다.
공자는 단지 어짊을 이루기 위해서 꾸준히 노력하는 사람을 볼 수
있으면 그것으로 만족한다고 말했다.

마지막 구절을 보자. "없는 것을 있다고 하고, 비었으면서 가득
한 척하며, 가난하면서 부유한 척하면 항심을 갖기가 어려울 것이
다." 모든 사람은 없으면서 있고 싶어 하고, 비어있으면서 가득 차
고 싶어 하고, 가난하면서 부유해지고 싶어 한다. 모든 사람은 이
렇게 다른 사람이 가진 것이 자신에게 없으면 갖고 싶어 한다. 이
처럼 마음속에 강렬한 욕망을 품고 끊임없이 추구하는데 어찌 항
심이 있다고 할 수 있겠는가?
항심을 가지고 있다는 것은 자신이 어진 사람이 되기를 바라는

것이지 부유한 사람이 되기를 바라는 것이 아니다. 하지만 많은 사람이 돈, 지위, 명성을 가진 사람이 되기를 원한다.

이 문장을 노자의 사상과 비슷하게 해석해 볼 수도 있다. 공자는 가득 차 있다는 뜻의 '영盈'이나 비어있다는 뜻의 '허虛'와 같은 말을 거의 사용하지 않았다. 영과 허는 노자에게 어울리는 단어다. 없어서 있고, 비어 있어서 가득 차 있고, 가난해서 부유하다. 없음과 있음, 비어있음과 가득 차 있음, 가난과 부유함은 대립의 관계가 아니다. 변증법적으로 통일되며 더 높은 단계에 도달한다.

노자의 관점은 없음과 있음을 통일하는 것이다. 노자는 방은 비어 있어야 방으로써 쓸모가 있다고 말했다. 방이 물건으로 가득 차 있으면 발조차 들여놓을 수 없어 방으로써의 구실을 하지 못한다.

가난해서 부유한 사람들이 있다. 이때 '부유'는 물질적인 것을 의미하는 것이 아니다. 정신적인 풍요를 뜻한다. 가난하지만 행복하고 즐겁게 살아가는 사람들이 있다. 가난하지만 걱정하지 않고 자유롭게 시간을 활용해 놀러 다니고 즐겁게 지낸다면 또 다른 풍족함이라 말할 수 있지 않을까? 돈과 승진을 위해 종일 바쁘게 일하는 사람이 여행을 가거나 놀 수 있을까? 한가한 사람만이 산 위에 밝게 빛나는 달과 강에서 부는 시원한 바람도 만끽할 수 있다. 한가하지 않은 사람은 이런 여유를 누릴 수 없다. 이런 해석은 도가 사상에 가깝다.

공자의 행복한 사색 ── '무無와 유有의 경계를 허물라'

항심을 갖고 싶고, 군자가 되고 싶다면 없음과 있음, 비어 있음과 가득 차 있음, 가난과 부유함의 대립을 통일해야 한다. 이는 공자도 실천하기 쉽지 않았던 일이다. 그러니 우리 같은 소인에게는 무척이나 실행하기 어려운 일일 것이다. 어진 마음으로 내면을 다스려 불굴의 의지를 다져야 가능한 일일 것이다. 이 시대 성인과 군자, 어진 사람이 드문 이유이다.

조이불강, 익불사숙

釣而不綱, 弋不射宿

수단과 방법은
가려야 한다

공자는 낚시는 해도 그물질은 하지 않았고, 주살질은 해도 둥
지에 있는 새는 쏘지 않았다.

子釣而不綱, 弋不射宿.

자조이불강, 익불사숙.

    고대에 사냥은 어떤 의미를 갖고 있었을까? 농민들을 비롯한 일
반 백성들은 육식을 위한 어느 정도의 수렵 활동이 필요했다. 우
리는 여기서 '어느 정도'에 대해 생각해 보자.

    물고기를 잡는 방법은 누구나 알고 있다. 그물, 통발, 작살, 낚
시 등등. 아마 이 중에서 물고기를 가장 많이 낚는 방법은 그물일
것이다. 하지만 공자는 그물은 사용하지 않았다고 한다. 그물망

을 던지는 공자의 모습을 상상하기는 힘들 것이다. 그물은 어부들이나 사용하는 도구다. 물론 그래서 공자가 그물을 사용하지 않은 것은 아닐 터이다. 공자는 자기가 먹을 만큼의 물고기만 원했다. 절제를 강조했기 때문이다.

그물망의 크기는 절제와 반비례한다. 욕심이 클수록 그물망의 크기는 작아진다. 치어까지 모조리 잡아버리겠다고 촘촘한 그물을 쓴다면 물고기는 바다에서 사라질 것이다. 지나친 욕심은 파국으로 몰아간다. 그물망의 크기를 규제하는 것은 이런 이유 때문이다.

'주살질'은 화살에 줄을 연결해 쏘는 것을 말한다. 주살질로 새를 사냥하면 줄을 당겨 사냥감을 쉽게 찾을 수 있다. 공자는 주살질로 새를 사냥했지만 활을 둥지 쪽으로 겨누지 않았다. 둥지로 날아온 새는 사냥하기 쉽다. 표적이 고정돼 있기 때문이다.

공자가 둥지를 찾는 새에게 주살질을 하지 않았던 이유는 새끼들 때문이다. 어미 새는 아직 날지 못하는 새끼들에게 먹이를 잡아다 주기 위해 둥지를 맴돈다. 공자는 새끼를 키우는 짐승을 죽이는 것은 도리가 아니라고 생각했다. 이는 그물망의 논리와 일맥상통한다. 욕심을 절제하지 않는다면 파국을 맞게 될 것이다.

우리는 원하는 목표를 달성하기 위해서 수단과 방법을 가리지 않는 사람들을 종종 목격하게 된다. 목적을 달성하는 일은 물론 중요하다. 하지만 그것을 추구하는 과정에서 미래에 해가 될 수 있는 일은 피해야 한다. 수단과 방법은 가려야 하는 것이다. 이것이 삶을 살아가는 기본적인 도리이자 예인 것이다.

다견이식지

多見而識之

섣부른 행동의 이면에는
무지無知가 있다

공자가 말하길 "아마도 알지 못하면서 행동하는 사람이 있겠으나 나는 이런 것이 없다. 많이 듣고 그중에 선한 점을 가려서 따르니 많이 보고 기억하는 것은 아는 것의 차등이다."

子曰 "蓋有不知而作之者, 我無是也. 多聞, 擇其善者而從之; 多見而識之, 知之次也."

자왈 "개유부지이작지자, 아무시야. 다문, 택기선자이종지; 다견이식지, 지지차야."

창업은 말 그대로 업을 새롭게 만들어내는 것이다. 그러니 성공할 확률이 낮을 수밖에 없다. 창업에 실패하는 이유는 공자의 말처럼 "알지 못하면서 행동"하기 때문이다.

제대로 알지 못하는 일을 하겠다고 나서는 사람들이 있다. 공자는 자신은 그런 부류의 사람이 아니라고 말했다. 여기서 "알지 못하면서 행동하는 사람"이란 '함부로 행동하는 사람'으로 해석할 수도 있다. 공자는 많이 듣고 배운 뒤, 좋은 점을 가려서 따라 했다. "많이 보고 기억하는 것"이란 구절에 쓰인 '식識'은 기억한다는 뜻이다. 다른 사람의 좋은 점을 머릿속에 새겨두라는 것이다.

공자는 남에게서 좋은 점을 배우는 것을 지식을 구하는 차등次等의 방법이라고 말했다. 가장 높은 단계의 지식인은 태어나면서부터 아는 사람이다. 이는 성인에 해당한다. 다음 단계는 배워서 아는 사람이다. 공자는 자신을 배워서 아는 사람으로 분류했다.

곤경에 처해야만 배우려고 하는 사람이 있다. 일단 창업을 해놓고 난관에 부딪혔을 때 배우려 하기 때문에 성공하기 어려운 것이다. 더욱 심각한 것은 곤경에 처해도 배우려 하지 않는 사람이다. 이는 배움의 단계에서 가장 낮은 수준이다.

공자의 행복한 사색 '부족함을 인정하라'

발전하기 위해서는 먼저 자신의 부족함을 인정해야 한다. 부족함을 인정하지 않으면 배우려 하지도 않으니 발전할 수 없다. 공자는 자신의 부족함을 인정해야 한다는 점을 알려준다. 곤경에 처해도 배우지 않던 사람이 배우려는 마음을 갖는 것이 바로 '발전'이다.

인결기이진

人潔己以進

풍문으로 타인의 미래를
예단하지 마라

호향은 더불어 이야기하기가 어려웠는데 소년을 만나니 문인
들이 의문을 가졌다.

공자가 말하길 "나아가는 건 받아들이고, 물러가는 건 받아들
이지 않으니 어찌 심하게 대하겠느냐? 사람이 자신을 깨끗이
하고 찾아오니 그 깨끗한 것을 받아들일 뿐, 그 지난 일을 보장
하는 건 아니다."

互鄕難與言(童子). 童子見, 門人惑.

子曰 "與其進也, 不與其退也, 唯何甚? 人潔己以進, 與其
潔也, 不保其往也."

호향난여언(동자). 동자현, 문인혹.

자왈 "여기진야, 불여기퇴야, 유하심? 인결기이진, 여기결야,
불보기왕야."

문장에 쓰인 '호향互鄉'은 지역 이름이다. 호향이라는 지방의 사람들은 편협하고 투박해 평판이 좋지 않았다. 그곳의 사람들과 교류하는 것은 어려웠다고 전해진다.

호향의 소년이 공자를 찾아왔다. 공자가 만남을 허락하자 제자들은 의아해했다. "성가시고 사람의 화만 돋울 뿐인 호향의 소년을 스승께서 왜 만나고 있는 겁니까?"

그러자 공자가 이렇게 말했다.

"나는 발전하고자 하는 사람을 만난 것이다. 퇴보하고자 하는 것이 아니니 어찌 심하게 대할 수 있겠느냐? 그 소년이 지금 배움을 통해 발전하려고 우리와 문제를 토론하려고 하니 마땅히 기뻐하고 발전을 응원해 주어야 한다. 그리고 나에게서 떠난 이후를 보장하는 건 아니다."

우리는 더 좋은 사람으로 발전하기 위해 노력하는 사람을 지지해 주어야 한다. 과거의 잘못된 행동은 덮어두자. 과거의 행동으로 타인의 미래를 예단하는 것은 자기 자신을 편견 속에 가두는 행위다. 사람과 사귀다 보면 마찰은 피할 수 없다. 우리는 상대방의 잘못을 논쟁의 대상으로 삼고 감정을 통제할 수 없을 정도로 화를 내곤 한다. 거꾸로 우리는 상대방이 잘못을 인정하고 사과하며 내미는 손을 잡아줄 수 있는 아량도 있다.

"싸우면서 정이 든다"라는 말이 있다. 과거에 잘못을 저지른 사람도 반성한다면 더 나은 사람이 될 수 있다. 그리고 그러한 상대방의 노력을 받아들인다면 그 과정에서 정이 들 수도 있는 일이다. 홧김에 다른 사람과 교제를 끊거나 일부 단점만을 보고 그의 모든 걸 부정해서는 안 된다. 이런 행동은 편견 속에 자신을 가두고 우물 안 개구리로 살아가는 방식이다.

사람은 누구나 발전할 수 있다. 비록 힘든 관계 속에서도 호향의 소년처럼 자발적으로 배우고 발전할 수 있어야 한다.

◆◆◆

아욕인, 사인지의

我欲仁, 斯仁至矣

삶에서 반드시 실천해야 할
어려우면서도 쉬운 일

공자가 말하길 "어짊이 멀리 있는 것 같으냐? 내가 어질어지고
자 하면 어짊에 이를 수 있다!"
子曰 "仁, 遠乎哉? 我欲仁, 斯仁至矣!"
자왈 "인, 원호재? 아욕인, 사인지의."

'어짊'은 『논어』에서 도달하기 매우 어려운 경지라고 반복해서
기록돼 있다. 공자는 다른 사람이 어진지 아닌지에 대해서 알 수
없다는 말을 반복했다. 어짊은 내면의 덕목이기 때문이다. 하지만
여기서 공자는 다르게 말한다.

"어짊이 멀리 있는 것 같으냐?"

공자의 말은 "어짊이 정말 멀리 있는 것 같으냐? 정말 이루기 힘

든 것 같으냐?"로 해석될 수 있다. 공자가 이어서 말했다.

"내가 어질어지고자 하면 어짊에 이를 수 있다!"

공자는 배움을 통한 점진적인 발전을 주장했다. 그리고 동시에 갑자기 이치를 깨닫는 순간도 있다고 말했다. 공자는 묵묵히 아는 것, 배움을 싫증 내지 않는 것, 사람 가르치기를 게을리하지 않는 것을 강조했다. 이는 배움을 통한 점진적인 발전이다. 하지만 여기서 말한 "내가 어질어지고자 하면 어짊에 이를 수 있다"는 것은 순간의 깨달음이다. 어질어지고자 한다면 어짊의 기준에 따라 일을 해낼 수 있다는 것이다. 어짊은 선량한 상태이다. 어떤 사람이 온 마음을 다해 좋은 사람이 되기를 바란다면 그 순간은 어질어질 수 있다고 공자는 말한다.

어짊이 어려운 이유는 뭘까? 잠시 어짊에 머무는 것은 어렵지 않지만 어짊을 유지하는 것은 어렵기 때문이다. 예를 들어 불교의 정토종에서는 마음을 하나로 집중해 '나무아미타불'을 외우기만 하면 서방 정토에 갈 수 있다고 말한다. 간단한 이치지만 평생 나무아미타불을 외치며 부처의 경지에 이르는 사람은 거의 없다. 맑고 깨끗한 마음을 계속 유지하기란 무척이나 어렵기 때문이다.

나는 이 문장을 통해 세상에는 '어려우면서 어렵지 않은' 일들이 많이 있다는 점을 깨달았다. 언젠가 이런 질문을 받았다. "선생님, 강의에서 가장 중요한 게 뭔가요?" 나는 이렇게 대답했다. "편안한 상태를 유지하는 겁니다." 그러자 그 사람은 "편안해지는 게 무척이나 어렵습니다."라고 말했다. 나는 다시 대답했다. "편안한 상태를 유지하는 건 어려우면서도 쉽습니다." 잠시 편안한 것은 늘상 일어나는 일이다. 하지만 편안한 상태를 계속 유지하기란 쉽지 않다.

자녀들을 대할 때 가장 중요한 게 뭘까? 바로 사랑이다. 아이를 사랑하는 일은 어려우면서 또 쉬운 일이다. 아이를 사랑하는 것이 쉬운 이유는 아이를 정말 사랑하기 때문이고, 어려운 이유는 올바르게 사랑하기가 어렵기 때문이다. 그래서 사랑도 어려우면서 쉬운 일이라 할 수 있다.

공자의 행복한 사색   '흔들림 없는 어짊의 상태를 유지하라'

공자가 말한 '어짊', 노자가 말한 '도', 맹자가 말한 '호연지기'라는 것은 '어려우면서 쉽다'는 공통점을 갖고 있다. 공자가 안회를 입에 침이 마르도록 칭찬한 이유도 안회가 3개월 동안 어진 상태를 흔들림 없이 유지했기 때문이다. 그렇다고 우리는 범접조차 할 수 없다고 겁먹을 필요는 없다. 3개월이 아니더라도 '어짊'을 마음속에 간직하고 지키려 노력하는 자세만으로도 우리는 한층 성숙한 모습을 배울 수 있다.

구유과, 인필지지

苟有過, 人必知之

타인의 잘못을
짊어지는 용기

진나라 사패가 묻길 "소공은 예를 알고 있습니까?"

공자가 말하길 "예를 알고 있습니다!"

공자가 물러간 뒤 사패가 무마기에게 읍하고 들어가서 말하길
"저는 군자는 결탁하지 않는다고 들었는데, 군자가 어째서 결탁을 하는 것입니까? 군주는 오나라에서 아내를 얻었는데 동성이라서 오맹자라 불렀습니다. 이런 군주가 예를 알았다면 누가예를 몰랐겠습니까?"

무마기가 이 사실을 알렸다. 공자가 말하길 "나는 운이 좋구나.잘못이 있으면 다른 사람이 반드시 알려주는구나."

陳司敗問 "昭公知禮乎?"

孔子曰 "知禮!"

孔子退, 揖巫馬期而進之, 曰 "吾聞君子不黨, 君子亦黨乎?君取於吳, 爲同姓, 謂之吳孟子. 君而知禮, 孰不知禮?"

巫馬期以告. 子曰 "丘也幸, 苟有過, 人必知之."

진사패문 "소공지례호?"

공자왈 "지례!"

공자퇴, 읍무마기이진지, 왈 "오문군자부당, 군자역당호? 군취
어오, 위동성, 위지오맹자. 군이지례, 숙부지례?"

무마기이고. 자왈 "구야행, 구유과, 인필지지."

공자도 실수할 때가 있다. 이번 문장은 실수를 저지른 공자의
이야기다.

공자가 진나라에 머물고 있었을 때 일이다. 형벌과 치안을 담당
하는 관직 '사구司寇'를 맡았던 사패라는 사람이 공자에게 물었다.
"노나라 군왕인 소공은 예를 알고 있는 사람입니까?"

사패는 노나라 소공이 예법에 부합하지 않은 잘못을 저질렀다는
것을 알고 있었다. 하지만 그는 모른 척하면서 공자에게 물었다.

공자는 노나라 소공의 잘못을 알고 있었을까? 진나라 사람이 알
고 있었으니 공자도 알고 있었을 것이다. 하지만 공자는 "소공은
예를 알고 있습니다"라고 대답했다.

사패의 질문에 어떻게 대답하든 공자는 잘못을 저지를 수밖에
없었다. 만일 공자가 노나라 소공이 예를 모른다고 대답했다면 어
떻게 됐을까? 사패는 공자가 자신의 군왕을 예도 모르는 사람이라
비난한다고 말했을 것이다.

공자는 예禮를 설명하면서 "아버지는 자식을 위해 허물을 숨겨

주고, 신하는 군주를 위해 허물을 숨겨 주어야 하니 정직은 그 가운데 있습니다"라고 말했다. 아버지가 잘못을 저질렀다면 자식이 그것의 옳고 그름을 거론해야 할까? 공자는 가족이나 군신 사이에 옳고 그름을 직접 따져서는 안 된다고 보았다. 국가의 풍속이 순박해지려면 아버지가 잘못을 저질렀을 때 자식은 아버지의 잘못을 보완할 방법을 조용히 생각해내야 한다. 공자가 노나라 소공의 잘못을 알면서도 "소공이 예를 알고 있다"고 대답한 이유가 바로 여기에 있다.

공자가 떠난 뒤 사패는 공자의 제자 무마기에게 말했다.

"저는 군자는 무리를 지어도 결탁하지는 않는다고 들었습니다. 결탁하지 않는다는 것은 이익을 위해 패거리를 짓지 않는다는 의미입니다. 그런데 어찌 군자가 이익을 위해 결탁을 할 수 있습니까? 노나라 소공은 오나라의 여자를 아내로 맞이했습니다. 오나라는 태백太伯의 후예이고, 노나라는 주공의 후예로 모두 성이 희씨입니다. 그들은 모두 같은 성씨이니 혼인을 하는 건 예법에 어긋납니다. 그래서 노나라 소공은 이 사실을 숨기기 위해 자기 아내를 오희吳姬라 부르지 않고 오맹자吳孟子라고 불렀습니다. 노나라 소공이 예를 아는 사람이라면 누가 예를 모르겠습니까?"

무마기는 돌아와서 공자에게 사패의 말을 전했다.

니는 논어를 만나 행복해졌다

"사패가 노나라 소공이 예를 모르는 데도 스승님이 예를 안다고 말한 것이 잘못되었다고 말했습니다." 이에 대한 공자의 대답은 아주 절묘했다. 아마 평범한 사람이었으면 무마기에게 이렇게 변명을 했을지 모른다.

"그럼 내가 뭐라 답해야 한단 말이냐? 노나라 소공은 나의 군주이니 예를 알고 있다고 말할 수밖에 없다. 내가 예를 모른다고 말하면 어찌 되겠느냐? 예를 모른다고 말하는 것이 신하로서 예를 지키는 일이라 생각하느냐?"

만약 공자가 자신의 명성을 중시하거나 자신의 평판을 지나치게 신경 쓰는 사람이었다면 노나라 소공이 예법을 지키지 않았다고 우회적으로 표현했을 것이다. 하지만 공자는 노나라 소공이 예법에 맞지 않는 잘못을 저지른 것을 끝까지 책임지고 덮어주려 했다. 공자는 다른 사람으로부터 비난을 받더라도 노나라 소공의 잘못을 대신 짊어지려 했다. 책임감 있는 신하가 보여야 할 태도이다. 공자의 절묘한 대답은 이렇다.

"나는 정말 행운아다. 내가 잘못을 저지르면 다른 사람이 반드시 나에게 그것을 알려준다."

공자는 대답하기 난처한 상황을 자신의 잘못을 겸허하게 받아들여야 하는 상황으로 바꾸어 놓았다.

여기에는 세 가지 이치가 숨어 있다. 첫 번째는 신하가 군주의 허물을 덮어 국가의 위신을 보호하는 것. 두 번째는 다른 사람이 잘못을 알려주는 것을 기쁘게 받아들이는 것. 세 번째는 회피하지 않고 기꺼이 자기 잘못에 책임을 지는 것이다.

사패는 자신이 옳고 그름을 가려냈다며 공자라는 인물이 그 명성만큼 그리 대단한 사람이 아니라고 생각했을 수 있다. 하지만 이는 사패가 공자의 깊은 뜻을 몰랐기 때문이다.

공자는 자신의 본분을 지켰다. 만약 공자가 자신의 본국 노나라에 있었다면 군왕에게 예법에 맞지 않은 일이라고 간언했을 것이다. 하지만 공자는 다른 나라 사람이 자신의 군왕을 비난하는 것을 가만히 앉아 지켜볼 사람은 아니었다. 공자는 군왕의 비난을 대신 받아서라도 나라의 위신을 지키려고 했다.

공자의 행복한 사색 '체면보다 중요한 진실'

자신의 체면을 지키기 위해 위선을 보이고, 명예를 지키기 위해 거짓을 말하는 사람은 결국 언젠가 민낯이 들키고 말 것이다.

주변에 어떤 난처한 상황이 닥치더라도 자신이 믿고 생각한 것을 표현하는 것은 쉽지 않은 일이다. 공자 또한 사패의 질문에 당황했을 것이다. 하지만 공자는 머뭇거리지 않고 자신의 생각을 말했다. 설사 사패가 자신의 위대함을 인정하지 않더라도 개의치 않았다. 이는 공자에게 중요한 것이 아니다. 충성을 보이고자 한 군왕의 위신을 지키는 것이 더욱 중요했다. 다른 사람의 잘못을 덮어주는 것은 큰 용기가 필요하다. 공자는 바로 이런 용기를 가진 위인이었다.

궁행군자

躬行君子

부지런함만으로 배울 수 없는
군자의 태도

공자가 말하길 "부지런함에 있어서는 내가 다른 사람과 같을
수 있으나 군자를 몸소 실천하는 것은 내가 아직 얻지 못했다."

子曰 "文莫, 吾猶人也. 躬行君子, 則吾未之有得."

자왈 "문막, 오유인야. 궁행군자, 즉오미지유득."

　문장에 쓰인 '문막文莫'은 '힘쓸 민忞'과 '힘쓸 모慔'의 가차假借로
기록된 것이다. 가차는 어떤 말을 기록할 때 마땅한 글자가 없어
서 한자의 음을 빌려서 적는 것이다. 여기서 '문막'은 일을 열심히
한다고 해석할 수 있다.

　공자가 자신을 낮추며 겸손하게 말했다.

"나는 다른 사람처럼 부지런할 수는 있지만, 군자의 도를 실 행하면서 일하지는 못한다."

공자의 겸손함이 때로는 과하게 느껴질 때도 있다. 나는 공자가 최소한 자신이 군자라는 점은 인정했다고 생각한다. 공자의 행동이 군자의 기준에 부합하지 않다면 다른 사람들이 군자가 될 가능성은 없지 않겠는가? 여하튼, 공자의 말은 어떤 것을 알기는 쉬우나 실천하기는 어렵다는 점을 설명한다.

공자의 말을 '문막' 사이에 문장 부호를 첨가해 해석하는 방법도 있다. '문'과 '막'에 쉼표를 넣으면 "문에 있어서는 내가 다른 사람과 같을 수는 있겠으나文, 莫吾猶人也"라는 의미가 된다. 이 경우 한자 '막莫'은 '아마도'라는 뜻이 된다.

공자의 말을 전체적으로 해석해 보면 다음과 같다.

"책에 있는 지식이라면 아마 나도 다른 사람처럼 파악할 수 있을 것이다. 그러나 노력하는 것과 달성하는 것은 다르다. 꾸준히 노력하고 부지런할 수는 있지만, 군자를 몸소 실천하는 것을 나는 아직 할 수 없다."

이렇게 해석해도 역시 공자의 말에는 겸손함이 묻어 있다.

공자의 행복한 사색 · '어짊에 다가서려는 군자의 자태를 배워라' ✐

아무리 부지런하고 성실하다고 해도 배울 수 없는 태도들이 있다. 누가 시키지 않아도 몸에 배어 있는 어짊과 예의 바른 태도일 것이다. 공자는 3천 명의 제자를 가르치면서 늘 '인仁'과 '예禮'를 강조해 왔다. 자신조차도 습관처럼 실천하기 쉽지 않은 덕목이라 제자들에게 누차 이야기해 왔을 것이다. 부지런한 공자도 달성하기 힘든 군자의 태도, 우리는 공자보다 몇 배 더 노력해 배우려는 마음가짐을 가져야 할 것이다.

나는 논어를 만나 행복해졌다

사즉불손, 검즉고

奢則不孫, 儉則固

불손함보다는
고루함이 낫다

공자가 말하길 "사치스러우면 불손하고, 검소하면 고루하다.
불손한 것보다는 차라리 고루한 것이 낫다!"

子曰 "奢則不孫, 儉則固. 與其不孫也, 寧固."

자왈 "사즉불손, 검즉고. 여기불손야, 녕고."

공자가 상반되는 두 가지 생활 태도를 거론했다. 사치스러운 것과 지나치게 검소한 것이다. 문장에 쓰인 '손孫'은 공손하다는 한자 '손遜'의 뜻과 같다. 공자는 사치스러운 사람은 버릇이 없거나 겸손하지 못하다고 말했다. 사치와 버릇없는 것에는 어떤 연관이 있을까? 사치는 자신의 체면을 높이고, 자기 능력을 과시하고 싶어 하는 마음이 표출된 것이다. 사치스러운 사람들이 명품을 좋아하는 이유는 타인의 평가에 신경을 쓰기 때문이며, 이들은 자신의 체면에 지나치게 신경을 쓰면서 다른 사람들의 눈치를 살핀다.

버릇없는 것, 즉 불손함도 체면을 중시하는 것이다. 자신이 다른 사람보다 한 수 위라고 생각하는 것이 불손한 마음의 바탕이다. 사치와 불손은 자신의 신분과 체면을 지나치게 중시하고 다른 사람에게 인정받고 싶어하는 마음에서 비롯된다.

"검소하면 고루하다"라는 구절은 지나치게 검소하면 융통성이 없고 마음이 좁아진다는 뜻이다. 고루한 사람은 생각이 짧고 완고하고 인색해서 다른 사람을 까다롭게 대한다. 하지만 공자는 불손한 것보다는 고루한 것이 낫다고 보았다.

공자의 행복한 사색 　'중용의 상태에 머물라'

노자는 "성인은 배를 위할 뿐 눈을 위하지 않는다聖人爲腹不爲目"라고 말했다. '배를 위한다'는 것은 배불리 먹으면 만족한다는 것이다. 이는 내면의 욕구와 본능을 말한다. 반면 '눈을 위한다'는 것은 감각적인 즐거움을 누리는 것이다. 이는 외부의 욕망과 향락을 말한다. 물론 가장 좋은 상태는 사치스럽지 않으면서 지나치게 검소하지도 않은 중용의 상태일 것이다. 중용은 관대하면서 사물을 낭비하지 않고, 다른 사람의 도움이 필요할 때 기꺼이 도와줄 수 있는 마음에서 비롯된다.

◆ ◆ ◆

군자탄탕탕

君子坦蕩蕩

통제할 수 없는 일이 아닌
내면에 집중하라

공자가 말하길 "군자는 평온하고 너그럽지만 소인은 근심하고
초조해한다."

子曰 "君子坦蕩蕩, 小人長戚戚."

자왈 "군자탄탕탕, 소인장척척."

　어떤 문제에 부딪혔을 때 먼저 자신의 어느 부분이 잘못되었는
지를 생각하고 자신이 고칠 수 있는 부분이 무엇인지를 살핀다면
실마리를 찾을 수 있다. 군자는 자신의 성공이나 행복에 연연하지
않는다. 다른 사람의 기준에서 자신을 바라보지도 않는다. 군자가
매일 "평온하고 너그러울 수" 있는 이유인 것이다.

　소인이 "근심하고 초조해"하는 이유는 걱정과 원망에 사로잡혀

자신의 이해득실만 지나치게 따지기 때문이다. 걱정이 있으면 어디를 가든 마음이 무겁고 다른 사람과 쉽게 싸우게 된다. 그리고 항상 불안하고 초조하다. 소인은 자신을 돌아보지 않고 다른 사람을 탓한다. 자기 내면을 외부의 것과 결부시키면 항상 근심하고 초조해할 수밖에 없다. 외부의 것 중에 자신이 통제할 수 있는 것은 거의 없기 때문이다.

외부의 것이나 다른 사람의 것은 통제할 수가 없다. 그러니 이런 것에 연연하게 되면 항상 초조하고 괴롭고 고통스럽다. 자신의 행동과 감당해야 하는 일들이 모두 자신에게서 비롯된 것이라는 걸 이해하고 내면으로 시선을 돌린다면, 무한한 힘이 샘솟으면서 문제를 어떻게 처리할지도 알게 될 것이다.

공자의 행복한 사색 '지금 내가 해야 할 일을 할 것'

평온하고 너그러운 삶을 추구하자. 삶이 평온하고 자유로워지면 책망할 일도 없고 원망할 부분도 없으며 걱정할 문제도 없어진다. 통제할 수 없는 것은 어떻게 하든 일어나게 마련이다. 우리는 그저 일어난 일들을 제대로 처리하기 위해 노력해야 한다. 할 수 있는 일을 하고, 해야할 일을 제대로 해나가는 것이 무엇보다 중요하다.

◆ ◆ ◆

위이불맹
威而不猛

지도자의 품격,
온화함과 엄숙함

공자는 온화하면서 엄숙했고, 위엄이 있으면서 사납지 않았으
며, 공손하면서 편안해했다.

子溫而厲, 威而不猛, 恭而安.

자온이려, 위이불맹, 공이안.

공자의 제자들이 스승의 모습을 묘사한 문장이다. 누군가가 공
자를 "바라보면 엄숙하고 다가가면 온화하다"라고 말했다. 공자를
멀리서 바라보면 장엄하고 엄숙한 모습이라서 가까이 다가가기
어렵지만, 막상 다가가 대화하면 온화했다는 것이다. 리더의 모습
도 마찬가지다. 조직을 이끄는 유능한 리더는 엄숙하면서도 온화
한 면모를 갖고 있다.

하지만 공자가 항상 온화했던 것은 아니었다. 그는 화를 내야 할 때는 화를 낼 줄 알았다. 즉, 공자는 인자한 모습과 엄숙한 모습을 두루 갖추고 있었다. 그는 사람을 사랑하면서 한편으로는 그들을 일깨워줄 필요가 있었기에 일에 있어서는 엄숙하고 위엄 있게 행동했다.

온화하면서 엄숙한 공자는 "위엄이 있으면서 사납지 않았다"고 한다. 여기서 '사납다﹐'라는 것은 전투에서 싸우는 장군처럼 공격 성향이 지나치게 강하다는 의미다. 키가 크고 체격이 우람했던 공자는 힘이 좋아 활쏘기를 특히 잘했고 마차를 몰고 싸우는 일에도 능숙했다. 하지만 호전적이진 않았다. 공자는 위엄이 있지만 공격적인 성향은 없었던 인물이다.

마지막 구절인 "공손하면서 편안해했다"라는 것은 공자의 품격을 말한다. '공손'과 '공경'은 차이가 있다. '공손'은 자신에 대한 것이고 '공경'은 다른 사람에 대한 것이다. 공자는 항상 외모를 단정하게 하고 공손하게 행동해 안정되고 편안한 모습을 보였다. 이에 사람들은 그와 쉽게 교류하고 배움을 구할 수 있었다.

청나라 황제 강희제 역시 신하들과 친근하지만 저촉되지는 않는 관계를 유지했다. 황제가 신하들과 가깝게 지내며 한담을 나누는 건 문제가 없지만, 신하와 황제의 경계는 유지돼야 한다. 마찬가지로 공자는 사람들 앞에서 '온화하면서 엄숙했고 위엄이 있으면서 사납지 않았으며 공손하면서 편안한' 모습을 보였다.

집착에 사로잡히면 단순해진다. 모든 목표가 오직 관직에 오르는
한 가지 일에만 집중되기 때문에 세상의 변화에 대응할 수 없게 된다.
나라에 도가 있다면 문제가 없겠지만, 나라에 도가 없어진다면
목숨을 부지하기도 힘들어질 수 있다.

제 8 편

태백泰伯 편

천하를
거느린
공자의 인품

삼이천하양

三以天下讓

불확실성 시대의 필수 요소인
예와 양보

공자가 말하길 "태백은 지극한 덕을 가진 사람이라 할 수 있
다! 세 번이나 천하를 양보하였는데도 백성들이 칭송할 수 없
었다."

子曰 "泰伯, 其可謂至德也已矣! 三以天下讓, 民無得而稱
焉."

자왈 "태백, 기가위지덕야이의! 삼이천하양, 민무득이칭언."

　주나라의 선조인 태왕太王은 아들이 세 명 있었다. 첫째는 태백,
둘째는 중옹, 셋째는 계력이었다. 계력의 아들인 희창은 훗날 문
왕이 된다. 그런데 어째서 장자인 태백이 왕위를 잇지 못했던 것
일까? 고대 중국은 장자를 가리지 않고 현명한 사람에게 왕위를

계승해 주는 전통이 있었기 때문이다.

첫째인 태백과 둘째 중옹은 선조인 태왕의 뜻을 알고 있었다. 그래서 태백과 중옹은 머리를 자르고 문신을 했다. 당시에는 머리를 자르고 문신을 하는 것을 야만족의 풍속이라 여겼다. 태백과 중옹이 야만족의 풍속을 따랐다는 것은, 왕위의 뜻이 없음을 알리는 것이었다.

위 문장에서 "세 번이나 천하를 양보하였다"라는 구절은 태백과 중옹이 세 차례 왕위에 오를 기회가 있었으나 모두 거절했다는 의미다. 이에 공자는 세 차례나 천하를 다른 사람에게 양보한 태백의 덕행에 감탄했다.

이어지는 구절인 "백성들이 칭송할 수 없었다"라는 것은 백성들이 묘사할 적합한 말을 찾을 수 없었다는 의미다. 쉽게 말하면 세 번이나 천하를 양보한 태백의 행동이 지극히 고상해서 말로 형용할 수 없다는 뜻이다.

이 문장에서 가장 주목해야 할 단어는 '양보'다. 태백이 천하를 세 번 양보한 행동을 공자가 크게 칭송한 이유는 예의 핵심이 '양보'이기 때문이다. 인류가 동물과 다른 점은 예의와 양보, 단결과 협동을 아는 것이다. 동물의 세계는 적자생존이다. 가장 강한 동물만이 먹이를 차지할 수 있다. 하지만 인간은 사회적 동물이다.

집단의 개념을 이해하며 조화로운 사회를 만들어 갈 수 있는 능력이 있다. 유발 하라리는 『사피엔스』에서 인류의 상상력이 문명의 초석이 된다는 점을 설명했다.

우리는 '경쟁하지 않으면 결국 아무것도 얻지 못하게 되는 것 아닌가?'라는 걱정에 휩싸일 때가 많다. 하지만 공자는 "다투지 않는 것이 미덕"이라고 말했다. 예의와 양보를 실천한 공자는 다른 사람들로부터 존경받는 인물이 됐다. 각 나라의 군왕들은 예를 갖추고 공자를 스승으로 섬겼다.

누군가 공자의 제자 자공에게 물었다. "공자가 얻은 것들은 다투어서 얻은 것들입니까?" 자공은 "스승님은 온, 량, 공, 검, 양으로 얻으시는 것입니다."라고 말했다. 공자는 온화함, 선량함, 공손함, 검소함, 겸양함을 생활의 원칙으로 삼았기에 자연스럽게 다른 사람들로부터 존경을 받을 수 있었다.

양보의 결과가 어떤 것인지 따질 필요는 없다. 우리는 사소한 실리 관계를 떠나 더 깊은 측면에서 인생을 이해해야 한다. 인생은 불확실성을 가지고 있다. 인생에서 무엇을 잃고, 무엇을 얻느냐는 정해진 것이 아니다. 우리는 인생의 불확실성을 받아들일 때, 변화에 두려워하지 않을 수 있다. 모든 일이 계획한 대로 이루어지는 것이 아니다. 운명이 우리를 어디로 데리고 가든지 우리는 자신의 길을 창조하고 개척해 나갈 수 있어야 한다. 이것이 인생을 가장 편안하고 효율적으로 살아가는 방식이다.

컴퓨터 용어 중 '언덕 오르기Hill Climbing'라는 말이 있다. 언덕을 오르는 과정을 시뮬레이션한 후 자신이 현재 오를 수 있는 가장 좋은 위치를 선택한 뒤, 이 지점을 새로운 기점으로 삼아 더 높은 곳으로 이동해 결국에는 정상에 도달하는 방법론이다. 언덕 오르기의 핵심은 '국부 최적화'의 지점을 찾는 것이다. 불확실성이 지배하는 인생에서 우리는 언덕 오르기 방법으로 가장 좋은 지점을 찾아낼 수 있는 능력을 길러야 한다.

공자의 행복한 사색 '조건없이 양보하라'

예의와 양보는 타협도 아니고 자신을 포기하는 것도 아니며 원칙 없이 권리와 이익을 포기하는 것도 아니다. 공자의 시대에 예의와 양보는 사회가 잘 운영되기 위한 중요 방법이었다. 공자가 세 번이나 천하를 양보한 태백을 칭송한 이유가 여기에 있다.

공이무례즉로

恭而無禮則勞

지나침의 기준과 경계를
파악하라

공자가 말하길 "공경하면서 예가 없으면 수고롭고, 신중하면서 예가 없으면 두려워지며, 용맹스러우면서 예가 없으면 어지럽고, 강직하면서 예가 없으면 헐뜯게 된다."

"군자가 가족과 돈독하면 백성들은 어짊이 흥기하고, 오랜 친구를 버리지 않으면 백성들이 각박해지지 않는다."

子曰 "恭而無禮則勞, 愼而無禮則葸, 勇而無禮則亂, 直而無禮則絞." "君子篤於親, 則民興於仁; 故舊不遺, 則民不偸."

자왈 "공이무례즉로, 신이무례즉사, 용이무례즉란, 직이무례즉교." "군자독어친, 즉민흥어인; 고구불유, 즉민불투."

공자는 중용의 도를 강조했다. 어떤 일이든 지나침이 없는 것이 중용이다.

『논어』에 자주 등장하는 "공경하면서 예가 없으면"이나 "신중하면서 예가 없으면"이라는 말과 비슷한 구절들은 '예'를 통해 행동을 절제하는 중용의 중요성을 강조하는 것이다. 공자는 좋은 미덕일지라도 예로 절제하지 않으면 의미를 상실한다고 했다.

"공경하면서 예가 없으면 수고롭고"라는 구절을 살펴보자. '수고롭다勞'라는 단어의 의미는 아주 명확하다. 예로 절제하지 않은 과도한 공경은 상대방이 받아들이지 않을 테니 자신의 에너지만 소비하게 된다는 의미다. 계산적으로 공손하게 행동하는 경우도 마찬가지다. 도움을 얻고 싶어서 겉으로 자기를 낮추며 행동한다면, 기준과 한계가 없는 탓에 수고롭기만 할 뿐 원하는 것을 얻을 수 없다.

다음 구절을 살펴보자. "신중하면서 예가 없으면 두려워진다"라는 것은 신중함은 좋지만 지나치면 유약해진다는 의미다. 어떤 상황을 마주쳤을 때 너무 신중하면 자신의 뜻을 신속하게 행동에 옮길 수 없게 된다. 우리는 이런 상황을 자주 겪게 된다. 가령 도둑질하는 장면을 목격했다고 가정해 보자. 지나치게 신중해서 그 상황에 개입하지 않는 것은 방관을 넘어서 악행을 돕는 꼴이 된다. 이

른바 지나친 신중함은 '일상의 악덕'이 될 수도 있다. 그래서 공자는 신중함에도 기준을 가지고 자신이 어디까지 절제해야 하는지를 알아야 한다고 말했다.

"용맹스러우면서 예가 없으면 어지럽다"라는 구절은 공자의 제자 자로를 떠올리게 한다. 자로는 용맹스러웠지만 절제가 부족했다. 용감하지만 예가 없다면 제멋대로 행동할 수도 있다. 심하게는 분란을 초래할 수도 있는 일이다.

공자는 어떤 상황에서도 통하는 세 가지 미덕을 말했다. 지혜로움, 어짊, 용맹스러움이다. 용맹은 그만큼 중요한 덕목이다. 하지만 공자는 용맹스러움에도 경계와 규범, 그리고 기준이 필요하다고 했다.

그 다음 구절인 "강직하면서 예가 없으면 헐뜯게 된다"는 것은 지나치게 강직하면 상대방에게 가혹해질 수 있다는 뜻이다. 강직함을 설명하는 다음과 같은 말이 있다.

"산에는 곧은 나무가 있어도 세상에는 강직한 사람이 없다

山中有直樹, 世上無直人."

산에서는 곧게 자란 나무를 쉽게 볼 수 있지만, 세상에서는 강직한 사람을 찾기 어렵다. 자기 자신이 강직하다고 말하는 사람은

타인에게 상처를 주는 인물일 가능성이 높다. 강직한 겉모습을 통해서 자신의 부족한 소양을 감추려 하기 때문이다.

고대에는 황제를 비방하며 강직한 모습을 보이려는 사람들이 있었다. 일부의 문신들은 죽기를 각오하고 황제에게 직언을 했다. 그렇게 죽는 것이 자신의 이름을 남기는 방법이라고 생각한 것이다. 언뜻 보기에는 강직하고 충직한 신하의 모습처럼 보이기도 한다. 물론, 그런 충신들이 있었던 것 또한 사실이다. 그러나 강직함이 충직함을 뜻하진 않는다.

강직함은 넓은 도량에서 나온다. 강직함은 도에 부합하게 행동하고, 이기적이지 않으며 진심으로 다른 사람을 대하는 태도이다. 한마디로 말한다면 '마음을 비운 무심함'이다. 그러나 겉으로만 강직한 척 행동하는 것은 자신의 부족한 소양을 감추려는 위장이다. 강직한 사람은 상대방을 헐뜯지 않고 상처를 주지 않는다.

다음 문장을 살펴보자. "군자가 가족과 돈독하면 백성들은 어짊이 흥기하고"라는 구절에서 '돈독하다篤'라는 것은 두텁다는 뜻이다. 가족과 돈독하게 지낸다는 것은 식구들의 잘못을 용인하거나 보호해 준다는 의미가 아니다. 군자는 가족이 출중한 덕행을 갖춘 사람이 되길 바라고 행복해지기를 바란다.

군자를 묘사한 문장을 하나 살펴보자. "군자의 덕은 바람이고 소인의 덕은 풀이니, 풀은 바람이 불면 반드시 쓰러진다^{君子之德風 小}^人之德草 草上之風 必偃^"라는 말이 있다. 군자는 만물을 자라게 하는 봄바람과 봄비처럼 백성들에게 영향을 준다. 군자가 어질고 너그럽게 행동해야 백성들도 더욱 관대해지고 온화해지게 마련이다.

이어지는 "오랜 친구를 버리지 않으면 백성들이 각박해지지 않는다"라는 구절에서 '각박하다^愉'는 '매정하다' 혹은 '야박하다'는 뜻으로 해석할 수 있다. 군자가 자신의 지위가 높아졌다는 이유로 오랜 친구를 무시하거나 버리지 않고 계속 좋은 관계를 유지한다면 백성도 야박하거나 매정해지지 않게 된다는 의미다.

공자는 '중용의 도'를 강조했다. 중용은 예와 도에 부합하게 행동하는 것이다. 예에 부합하는 것은 규범의 경계를 아는 것이다. 예를 모른다면 솔직하게 물어보는 용기가 필요하다. 공자는 태묘에 들어갔을 때 모든 예법을 물어보았다. 이에 누군가가 정말 예를 알고 있느냐고 의문을 제기하자 공자는 "모르는 것을 물어서 정확하게 아는 것이 예"라고 대답했다.

태어나면서부터 예를 아는 사람은 없다. 다만 살아가면서 자신을 반성하며 천천히 일의 경계를 배우고 기준을 명확히 세우며 예로써 절제하는 법을 배워야 한다. 예에 부합하는 사람은 과격하지 않고, 극단적이지 않고, 무모하지 않으며, 다른 사람에게 상처를 주지 않는다. 이것이 바로 중용의 모습이다.

군자소귀호도자삼
君子所貴乎道者三

호감을 살 수 있는
가장 쉽고 올바른 방법

증자가 병에 걸려 맹경자가 문병을 갔다.

증자가 말하길 "새는 장차 죽을 때가 되면 그 울음소리가 슬퍼지고, 사람은 장차 죽을 때가 되면 그 말이 선해진다고 합니다. 군자가 도에서 귀하게 여기는 세 가지가 있으니 용모를 움직일 때는 난폭함과 오만함을 멀리하고, 얼굴빛을 바로잡을 때는 믿음에 가깝게 하며, 말이나 소리를 낼 때는 비루함과 어긋남을 멀리해야 합니다. 변과 두를 다루는 일에는 관리가 있습니다."

曾子有疾, 孟敬子問之.

曾子言曰 "鳥之將死, 其鳴也哀; 人之將死, 其言也善. 君子所貴乎道者三: 動容貌, 斯遠暴慢矣; 正顔色, 斯近信矣; 出辭氣, 斯遠鄙倍矣. 籩豆之事, 則有司存."

증자유질, 맹경자문지.

증자언왈 "조지장사, 기명야애; 인지장사, 기언야선. 군자소
귀호도자삼 동용모, 사원포만의; 정안색, 사근신의; 출사기,
사원비배의. 변두지사, 즉유사존."

여기에 등장하는 맹경자孟敬子는 노나라 권력을 잡고 있던 세 집
안 중 맹손씨의 계승자를 말한다. 당시 증자는 맹경자의 스승이자
참모였다. 증자가 맹경자에게 한 말은 후대의 문학작품에 자주 인
용되는 명문장으로 전해지고 있다.

"새는 장차 죽을 때가 되면 그 울음소리가 슬퍼지고, 사람은
장차 죽을 때가 되면 그 말이 선하게 되기 마련입니다."

사람이 세상을 떠날 때는 평상시와 다른 체험을 한다고 한다.
임종을 앞둔 이의 말이 의미심장한 이유다. 중병에 걸린 자의 말
도 비슷할 것이다. 증자의 말을 좀 더 쉽게 풀어보면 다음과 같다.
"이렇게 돼서 더는 감출 필요가 없게 되었으니 내가 가장 중요하
다고 생각하는 일을 허심탄회하게 말하겠습니다."
증자는 군자가 도를 배울 때 중요한 세 가지가 있다고 말했다.
첫째는 용모를 움직이는 것이고, 두 번째는 안색을 바로잡는 것이
고, 마지막으로 말에 신경 쓰는 것이다. 이 세 가지는 첫인상을 관

리하는 방법이기도 하다. 처음 상대방을 만났을 때 어떤 인상을 남기느냐는 것은 매우 중요하다.

　원문을 살펴보자. "용모를 움직인다"라는 것은 행동과 말을 뜻하고, "얼굴빛을 바로잡는다"라는 것은 표정을 말하며, "말이나 소리를 낸다"라는 것은 대화할 때를 의미한다.

　사람은 대화를 나눌 때 말뿐만 아니라 행동과 표정으로도 의사소통을 한다. 우리는 이러한 '비언어적 표현'을 통해서 상대방의 진실성을 판단하기도 한다. 상대방이 유려한 말주변으로 재미있게 말해도 표정과 행동이 가벼우면 신뢰성은 떨어지게 마련이다. 말주변이 좋은 사람을 경계해야 하는 이유가 여기에 있다. 만약 사람이 오직 말을 통해서만 의사소통을 할 수 있다면 얼굴빛을 좋게 꾸미고 말을 유창하게 하는 사람이 가장 영향력이 큰 사람이 될 수 있을 것이다.

　증자가 말한 "용모를 움직인다"라는 것은 자신의 행동에 주의를 기울여야 한다는 의미다. 행동에 흠이 없다면 푸대접을 받거나 의심을 받는 일도 없다. 증자는 의사소통할 때, 신체 언어가 첫 번째라고 보았다. 이는 현대의 미디어 이론에서도 일맥상통하는 이야기다. 의사소통에서 가장 많은 정보를 전달하는 것은 말이 아니라 신체 언어라고 미디어학자들은 말한다.

나는 논어를 만나 행복해졌다

이어서 "얼굴빛을 바로잡는다"라는 것은 단정하고 진지한 표정으로 상대방에게 믿음을 주는 것을 말한다. 마지막으로 "말이나 소리를 낸다"라는 것은 저속한 말이나 욕을 하지 않고, 교양있고 아름답게 말하는 것이다. 대화에서 중요한 것은 지적이면서 점잖고 온화한 태도이다.

"변과 두를 다루는 일에는 관리가 있습니다"라는 구절에서 '변 籩'과 '두豆'는 모두 제사 때 사용하는 제기를 말한다. 따라서 "변과 두를 다루는 일"이라는 것은 제사의 예식, 규범을 뜻하며 "관리가 있다"라는 것은 맹경자와 같은 귀족이 번거로운 예식을 직접 관리할 필요 없고 전문가에게 맡기면 충분하다는 의미다. 증자는 태도, 표정, 말을 잘 관리해 단정하고 위엄 있는 모습을 유지하는 것이 변과 두를 다루는 일보다 더 중요하다고 말하는 것이다. 이 세가지를 갖추어야 다른 사람과 의사소통을 할 때 존경과 믿음을 얻으며 인정받을 수 있다.

첫인상은 매우 중요하다. 심리학자들은 처음 만났을 때 몇 초안에 무의식적으로 상대방이 어떤 사람인지 판단한다고 한다. 첫인상은 쉽게 변하지 않아 인간관계에서 큰 영향을 미친다. 『왜 사람은 첫눈에 반할까First impressions』라는 책은 첫인상의 중요성에 대해 설명한다. 우리는 난폭하거나 거칠게 행동하지 말고 일거수일투족 규범에 맞게 행동해 온화하면서도 우아한 이미지를 유지해야 한다. 예의 바르고 진솔한 모습을 보여주는 것은 타인으로부터 호감을 살 수 있는 가장 올바르면서도 쉬운 방법이다.

진솔함은 일상에서 자연스럽게 풍기는 이미지다. 일상의 수련을 등한시하며 지식과 학문에만 정진하는 사람들도 있다. 하지만 교양에 대한 책을 많이 읽고 공부해도 실천하지 않으면 아무 의미가 없다. 일상생활에서 사람들과 교류하면서 말과 행동을 예의 바르게 표현하는 연습이 필요하다.

겉모습으로 상대방의 성격을 알아맞히는 사람을 만난 적이 있었다. 신기해서 어떻게 그렇게 할 수 있냐고 방법을 물었다. 그 사람은 상대방이 걷는 자세를 유심히 관찰한다고 했다. 용감한 사람, 우유부단한 사람, 거만한 사람은 걸음걸이가 다르다는 것이다. 이처럼 사람은 말을 하지 않아도 그의 행동으로 그가 어떤 사람인지 나타나기도 한다.

불교 경전에 이런 고사가 등장한다. 부처의 수제자가 길을 걷고 있었다. 그를 본 행인이 곧장 무릎을 꿇고는 "귀의하고 싶습니다"라고 말했다. 수제자가 이유를 물었다. 행인이 이렇게 대답했다. "당신이 유명한 부처이기 때문입니다." 수제자는 자신은 부처가 아니고 부처의 제자라고 설명했다. 행인은 이렇게 말했다. "당신이 걷는 모습은 마치 부처의 걸음 같습니다. 이는 나에게 경외심을 불러일으킵니다." 위엄이 있는 사람은 걸음걸이에서도 그것이 드러나게 마련이다.

석자오우상종사어사의

昔者吾友嘗從事於斯矣

참을 수 없는 존재의 가벼움에서 벗어나기

증자가 말하길 "재능이 있으면서 재능이 없는 사람에게 묻고, 아는 게 많으면서 아는 게 적은 사람에게 물으며, 있으면서 없는 것처럼 하고, 가득 차 있으면서 텅 비어 있는 것처럼 하며 잘못을 해도 따지지 않았다. 옛날의 내 친구가 일찍이 이를 따랐다!"

曾子曰 "以能問於不能, 以多問於寡; 有若無, 實若虛; 犯而不校. 昔者吾友嘗從事於斯矣!"

증자왈 "이능문어불능, 이다문어과; 유약무, 실약허; 범이불교. 석자오우상종사어사의!"

　　증자가 세상을 먼저 떠난 친구 안회를 그리워하고 있었다. 공자의 수제자였던 안회는 스승이나 친구들로부터 높은 평가를 받는 인물이었다. 증자가 말하는 안회의 품성을 살펴보자.

"재능이 있으면서 재능이 없는 사람에게 묻는다"라는 구절은 유능한 사람이 자신보다 못한 사람에게 묻는 상황을 말한다. "아랫사람에게 질문하는 걸 부끄러워하지 않는다"라는 옛말과 비슷한 의미다. 다음 구절인 "아는 게 많으면서 아는 게 적은 사람에게 묻는다"라는 의미도 크게 다르지 않다.

안회는 왜 자신보다 못한 사람에게 질문을 했던 것일까? 아무리 학식이 풍부하고 재능이 많더라도 완벽할 수 없는 것이 사람의 일이기 때문이다. 게다가 자신보다 못한 사람에게도 배울 만한 점은 있을 수 있다. 하지만 우리는 언뜻 자신보다 못한 사람에게 질문하는 것을 창피해하는 사람들을 종종 목격하게 된다. 박사 학위를 받은 사람은 어느 한 분야의 박사일 뿐이지 모든 것에 통달했다는 평가를 받는 것은 아니다. 문화 인류학자 레비 스트로스는 아마존 원주민들의 지혜에 경탄했다.

이어지는 안회의 성품을 살펴보자. "있으면서 없는 것처럼 하고 가득 차 있으면서 텅 비어 있는 것처럼"이라는 구절에서 '있음과 없음'과 '가득 차 있음과 텅 비어 있음'의 의미는 노자의 『도덕경』에서 말하는 개념과는 차이가 있다. 어떤 것을 갖고 있으면서 갖지 않은 것처럼 생각하는 것이 "있으면서 없는 것처럼" 하는 것이다. 지식이 풍부하다고 해도 자만하지 말고 겸손하게 행동해야 한다. 그래야 더 많은 지식과 정보를 습득할 수 있다. 이는 진실하면서 과감하게 자아를 인식하려는 태도이다.

불교의 『금강경金剛經』에 등장하는 '불착상不著相'은 아주 넓고 깊은 주제다. 불착상은 "아상도 없고 인상도 없고 중생상도 없고 수자상도 없는 것無我相, 無人相, 無眾生相, 無壽者相"이다. 망상妄想을 일으키고 미혹迷惑하게 하는, 들리고 보이는 모든 것을 말하는 '명상名相'에 빠지지 않는 것이 불착상이다. 쉽게 말해 사회적 신분이나 직함, 학위 등을 따지지 않는 자세를 말한다. 우리가 집중해야 할 것은 겉으로 나타나는 직함이 아니라 본질이다.

『도덕경』에서는 높은 수련의 경지를 다음과 같은 말로 설명한다.

"예리한 것을 꺾어 그 어지러움을 풀고, 그 빛을 부드럽게 하여 그 티끌과 함께한다挫其銳, 解其紛, 和其光, 同其塵."

노자는 사회생활을 하는 사람이 주변 사람들과 다르게 행동하며 자신을 드러내는 것을 현명하지 못한 처사라고 말한다. 진정으로 뛰어난 사람은 자신의 예리함을 드러내지 않고 주변 사람들과 하나가 되어 평화로운 관계를 유지할 수 있다. 자신이 돋보이기를 원하는 사람은 높은 수련의 경지에 올랐다고 볼 수 없다.

안회는 공자가 가장 아낀 제자였다. 친구이자 같은 제자였던 자공과 증자도 안회를 존중했다. 하지만 안회는 그런 점을 의식하지 않고 항상 "있으면서 없는 것처럼 하고, 가득 차 있으면서 텅 비어 있는 것처럼" 행동했다. 외부의 명성에 집착하지 않았고 부담으로 생각하지도 않았다. 학식이 높으면서도 뽐내지 않았던 안회는 이러한 것들을 자기 내면의 일부일 뿐이라고 생각했다. 그래서 "있으면서 없는 것처럼 하고 가득 차 있으면서 텅 비어 있는 것처럼" 행동할 수 있었다.

마지막 구절인 "잘못을 해도 따지지 않았다"라는 것은 누군가 무례한 짓을 해도 따지지 않았다는 뜻이다.

안회는 "잘못을 해도 따지지 않고", "재능이 있으면서도 재능이 없는 사람에게 묻고", "아는 게 많으면서 아는 게 적은 사람에게 물으며", "있으면서 없는 것처럼 하고 가득 차 있으면서 텅 비어 있는 것처럼" 행동했다. 행동하는 경지에 이르렀기에 비로소 큰일을 감당할 능력을 갖출 수 있었다.

소설 『참을 수 없는 존재의 가벼움The Unbearable Lightness of Being』의 저자 밀란 쿤데라Milan Kundera는 사람은 무거운 것은 물론이고 가벼운 것으로도 무너질 수 있다고 말한다. 현대 사회를 사는 우리에게 적은 월급, 주택 마련, 교육비 등은 삶의 무게를 짓누르는 요소들이다. 하지만 우리는 이러한 것들보다 가벼운 것들 때문에 더 쉽게 무너진다. 직함, 명성, 다른 사람들의 평가 등은 허구이지만 우리들의 내면을 쉽게 무너트릴 수 있는 요소들이다. 그래서 우리의 존재는 참을 수 없이 가벼운 것이다. 헛된 명성의 족쇄에서 벗어나지 못하고 괴로워하는 우리의 존재는 어쩌면 깃털보다 가벼울지도 모른다.

공자의 행복한 사색 '결코 가볍지 않은 겸손과 조화의 경지'

안회가 이룬 경지는 불교에서 '무아無我'의 경지라고 할 수 있고 유교에서 '겸손과 조화'의 경지라고 할 수 있다.

'겸손'과 '조화'가 함께 거론된 이유는 뭘까? 사람의 내면이 '겸손'해야 다른 사람들과 '조화'를 이룰 수 있기 때문이다. 거만하거나 날카로운 사람은 명성을 추구하며 다른 이들과 어울리려 하지 않는다. 겸손함은 위장할 수 없다. 거짓된 겸손함은 사람들이 쉽게 알아채기 마련이다. 명성, 지위, 직함에 신경 쓰지 않고 겸손하게 행동할 수 있을 때 비로소 다른 사람과 조화를 이룰 수 있다. 이것이 바로 '겸손과 조화'의 경지이다.

◆ ◆ ◆

임대절이불가탈
臨大節而不可奪

하늘이 무너져도
변하지 않는 절개

증자가 말하길 "육척의 고아를 맡길 수 있고, 백 리의 명을 부탁할 수 있고, 큰 절개에 임했을 때 그것을 빼앗을 수 없다면 군자다운 사람인가? 군자다운 사람이다!"

曾子曰 "可以託六尺之孤, 可以寄百里之命, 臨大節而不可奪也. 君子人與? 君子人也!"

증자왈 "가이탁륙척지고, 가이기백리지명, 임대절이불가탈야. 군자인여? 군자인야!"

　공자의 제자들은 성격이 남달랐다. 내성적인 안회는 항상 온화하고 침착했다. 모든 일에 만족했고 즐거움을 찾으려고 부단히 수련했다. 노자와 함께 도가의 대표적인 인물이라 할 수 있는 장자는 안회의 말을 빌려 자신의 사상을 표현했을 정도이니 역시 수련

169

의 경지가 높았던 공자의 제자였다고 볼 수 있다.

호기심이 강한 자공은 질문을 좋아했다. 스승인 공자와의 토론에도 적극적인 자세를 취했다. 자로는 경솔하지만 솔직한 사람이었다.

천하를 마음에 품은 증자는 많은 명언을 남겼다. 그의 문장은 스승인 공자보다 더 웅대하고 힘이 넘쳤다. 심금을 울리고 깨달음을 주는 내용도 많았다.

증자는 "육척의 고아를 맡길 수 있고"라고 말했다. '육척六尺'은 약 140cm이다. '육척의 고아'는 그래서 머리가 굵어진 아이를 말한다. 대개 입양을 할 때는 친자식처럼 키울 수 있는 갓난아이를 선택한다. 하지만 육척의 고아는 친자식처럼 키우기 힘든 나이다. 몸과 마음이 제법 성숙해진 청소년을 입양하는 것은 쉬운 일이 아니다. 자기 자식도 청소년 시절에는 힘들기 마련인데 오죽할까? 증자가 '육척의 고아를 맡길 수 있고'라고 말한 것은 이처럼 어려운 것이라도 상대방에게 부탁할 수 있을 정도로 신뢰가 두텁다는 것을 표현한 것이다.

이어지는 구절 "백 리의 명을 부탁할 수 있고"에 쓰인 '백 리'는 당시 작은 나라의 면적에 해당한다. 증자의 말은 "작은 나라 하나를 맡길 수 있다"라고 해석할 수 있다.

다음 구절을 살펴보자. "큰 절개에 임했을 때 그것을 빼앗을 수 없다"에서 '큰 절개'는 두 가지로 이해해 볼 수 있다.

첫 번째는 국가를 편안히 하고 사직을 안정시키는 것처럼 국가의 대사와 관련된 일로 이해하는 것이다. 통일왕조 송나라의 후기를 이르는 남송南宋 시기의 정치가 문천상은 몽골군에 대항하다 포로가 됐다. 3년 동안의 포로 생활은 그에게 일분일초가 시련이었다. 느리게 흘러가는 시간 속에서 자신의 신념을 지킨다는 것은 결코 쉬운 일이 아니었다.

당시 원나라는 문천상을 귀한 손님으로 대접하며 3년 동안 매일 사람을 보내 전향할 것을 권유했다. 그가 마음만 먹는다면 한 나라를 다스릴 재상이 될 수 있었던 상황이다. 문천상이 신념을 지키고 있던 3년이라는 시간 동안 세상은 변하고 있었다. 왕조가 바뀌고 그와 함께 일했던 대신들이 투항해 새로운 왕조의 관리가 되어 있었다. 하지만 문천상은 흔들리지 않았다. 이것이 바로 "큰 절개에 임했을 때 그것을 빼앗을 수 없다"와 같은 것이다. 누구도 문천상의 뜻을 빼앗을 수 없고 그의 지조를 바꿀 수 없다.

두 번째는 생사와 관련된 일로 이해할 수 있다. 청나라 시기 '무술년에 처형된 여섯 군자戊戌六君子' 중 담사동이라는 사람이 있었다. 담상동은 체포되기 전에 도망칠 기회가 있었지만 "내 의연히 하늘을 향해 웃으며 내 진심을 두 곤륜에 남긴다"라고 말했다. 또

"각 나라의 변법 중 피를 흘려 이뤄지지 않은 게 없는데, 지금은 변법 때문에 피를 흘린 사람이 있다는 말을 들어보지 못했다. 이것이 이 나라가 번영하지 못한 이유다. 그래서 나 담사동부터 시작하려 한다"라고도 말했다. 이렇게 생사와 관련된 일을 '큰 절개'로 해석할 수 있다.

증자는 세 가지 상황을 이야기했다. "육척의 고아를 맡길 수 있고", "백 리의 명을 부탁할 수 있고", "큰 절개에 임했을 때 그것을 빼앗을 수 없는" 상황. 이어서 증자는 "군자다운 사람인가?"라고 묻는다. 즉 이런 세 가지 상황의 사람이라면 군자라고 볼 수 있겠냐는 의미다. 그리고 강조하며 다음과 같이 말했다.

"이런 사람이라면 군자라고 할 수 있다!"

공자의 행복한 사색   '강풍에도 흔들리지 않는 심지'

증자는 군자다움을 이야기하며 흔들리지 않는, 강인한 내면을 내세웠다. 바위처럼 단단한 절개란 무엇일까? 인간의 마음이 갈대 같다는 것을 알고 있기에 감히 범접할 수 없는 군자의 덕목으로 절개를 내세운 것이리라. 공자가 내세운 것은 당연할 테고 그의 제자가 이야기하는 것조차 일반인들에게 무엇 하나 쉬운 것이 없다. 하루에도 열두 번씩 변하는 인간의 변덕을 비웃는 듯하다.

사불가이불홍의

士不可以不弘毅

웅장한 기백과
강인한 의지력을 키워라

증자가 말하길 "선비는 넓고 강하지 않으면 안 되니 책임이 무
겁고 길이 멀기 때문이다. 어짊을 자신의 임무로 삼으니 어찌
무겁지 않겠는가? 죽은 뒤에야 그만두는 것이니 또 어찌 길이
멀지 않겠는가?"

曾子曰 "士不可以不弘毅, 任重而道遠. 仁以爲己任, 不亦
重乎? 死而後已, 不亦遠乎?"

증자왈 "사불가이불홍의, 임중이도원. 인이위기임, 불역중호?
사이후이, 불역원호?"

앞서 이야기했듯이 증자는 많은 명언을 남겼다. "나는 매일 세
가지로 자신을 반성한다"라는 말도 증자가 한 말이다. 패기가 넘
치는 이 문장도 증자의 입에서 나왔다.

"선비는 넓고 강하지 않으면 안 된다!"

첫 구절을 살펴보자. "넓고 강하다"라는 것은 뭘 의미할까? 문장에 '넓을 홍弘'을 '강할 강彊'의 오자로 보고 강직하다는 뜻으로 해석해야 한다는 주장이 있다. '넓을 홍'과 '강할 강'의 글자 형태가 비슷해 고문에서 혼동해 잘못 쓰였다는 것이다. 하지만 나는 '강의彊毅'가 자주 쓰이는 단어가 아닌 만큼 이런 주장은 설득력이 없다고 생각한다. 그래서 '넓을 홍'을 해박하다, 웅대하다는 뜻으로 이해하고 '굳셀 의毅'를 강하고 과단성 있다는 뜻으로 이해하는 편이 낫다. 즉, "선비는 넓고 강하지 않으면 안 되니"라는 구절은 선비는 의지가 반드시 견고하고 웅장해야 한다는 뜻으로 해석할 수 있다.

다음 구절인 "책임이 무겁고 길이 멀다"라는 것은 근시안적인 태도를 멀리하라는 뜻이다. 책임이 무겁고 길이 먼 이유는 어짊을 자신의 임무로 삼기 때문이다. 선비는 자기 어깨에 어짊의 임무를 짊어지고 어짊을 향해 나아가야 한다. 내면을 수련하는 일은 오랫동안 해야 하는 중요한 일이다. 이것은 끝나지 않는 무한 게임과 같다.

이어지는 구절은 제갈량을 떠오르게 한다. "죽은 뒤에야 그만두는 것이니 또 어찌 길이 멀지 않겠는가." 제갈량은 생명이 끝나는

나는 논어를 만나 행복해졌다

순간까지 자신의 이상을 추구했다. 즉, 죽은 뒤에야 자신의 뜻을 놓았다고 할 수 있다. 이것이야말로 가장 먼 길이 아닐까?

증자의 이 말은 우리 자신을 돌아보게 한다. 우리는 자기 일을 어떻게 바라보아야 할까? 증자처럼 사명감을 갖고 천하를 마음에 품으면서 자신을 더 나은 쪽으로 바꾸도록 쉼 없이 노력할 수 있을까? 이러한 사명을 짊어지고 무겁고 먼 목표를 실현하고 싶다면 웅장한 기백과 강인한 의지력을 가지고 있어야 한다. 좌절을 겪거나 살면서 힘든 일이 생기거나, 건강이 안 좋아졌을 때 증자의 이 말을 속으로 읊어본다면 힘을 얻을 수 있을 것이다.

공자의 행복한 사색 '죽기 전까지 지혜를 전하라'

성인들은 임종 앞에서도 세상 사람들과 자신의 지혜를 공유하려 했다. 부처가 세상을 떠나기 전에 누군가가 그에게 물었다. "세상을 떠나시면 우리는 어떡합니까? 누구에게 배워야 합니까?" 부처는 계율을 스승으로 삼으라는 말을 남겼다. 공자도 임종 전에 가르침을 남겼고, 독약을 먹은 소크라테스도 죽는 순간까지 가르침을 펼쳤다. 임종을 눈앞에 둔 왕양명 역시 "내 마음이 밝은 데 무슨 할 말이 있겠는가"라는 가르침을 남겼다.

인이불인, 질지이심

人而不仁, 疾之已甚

선의로 포장된 지옥으로
향하는 길

공자가 말하길 "용맹함을 좋아하고 가난을 싫어하면 난을 일으키게 된다. 사람이 어질지 못한 것을 너무 싫어해도 난을 일으키게 된다."

子曰 "好勇疾貧, 亂也. 人而不仁, 疾之已甚, 亂也."

자왈 "호용질빈, 난야. 인이불인, 질지이심, 난야."

강력한 군사력을 가진 패자가 중원의 정치를 좌우한 춘추시대에 바람 잘 날 없는 것은 당연했을 것이다. 공자는 그래서 '난(亂)'이란 단어를 자주 언급했다. 전쟁이 일어나면 가장 큰 손해를 보는 건 백성들이었다. 그렇다면 난을 일으키고 싸우길 좋아하는 사람은 어떤 사람일까? 공자는 "용맹함을 좋아하고 가난을 싫어하는"

사람이라고 말했다.

　다음 구절을 살펴보자. "사람이 어질지 못한 것을 너무 싫어한다"라는 것은 어떤 의미일까? 사람을 원수처럼 무척이나 싫어하는 상태를 말한다. 이런 심리상태는 사회 불안을 초래할 요인이 되니 쉽게 혼란을 일으킬 수 있다. 공자는 이런 두 종류의 사람들이 난을 초래한다고 말한다.

　『유한 게임과 무한 게임』이라는 책에서는 '악'에 대한 개념을 설명한다. 악은 악을 없애고 싶어 하는 데서 비롯된다. 사람이 악을 완전히 없애버리는 데 집착하면 오히려 새로운 악을 초래할 수 있다. 지옥으로 향하는 길이 선의로 포장될 수도 있다. 출발점이 좋아도 도중에 실수하거나 극단적인 방법을 선택하면 나쁜 결말을 초래할 수 있는 것이다.

　악한 사람이 싫다면 법률과 공정한 절차로 그를 처벌해야 한다. 절차의 공정성은 아주 중요하다. 절차적 공정성을 잃은 처벌은 '군중 재판'이나 다름없다. 일시적인 여론의 압박이나 목소리가 큰 쪽, 혹은 이성적이지 않은 판단에 굴복한 처벌이 되는 것이다.

우리는 이러한 현상을 인터넷 공간에서 자주 목격한다. 인터넷 군중 재판의 판결에 참여한 사람은 흥미로울 수 있다. 하지만 자신이 판결의 당사자라 생각한다면 좀 더 신중해질 것이다. 여론에 동조해 다른 사람을 공격하거나 처벌하는 사람 중에는 내막을 제대로 이해하지 못한 사람이 많다. 인터넷 폭력은 현대 사회에서 자주 일어나는 현상이다.

◆◆◆

사교차린, 기여부족관야

使驕且吝, 其餘不足觀也

자신감과 예리함의 또 다른 이름,
거만함과 인색함

공자가 말하길 "주공과 같은 재주의 아름다움을 가지고 있어도
거만하고 인색하다면 그 나머지는 볼 것도 없다."

子曰 "如有周公之才之美, 使驕且吝, 其餘不足觀也已."

자왈 "여유주공지재지미, 사교차린, 기여부족관야이."

　　공자의 우상인 주공은 강태공과 더불어 주나라를 창건한 공신
이다. 주공은 주나라 왕실의 관직 제도와 전국시대 각국의 제도를
기록한 유교 경전 『주례周禮』를 제정했다. 공자는 종종 사람을 칭
찬할 때 그 당사자를 주공과 비교했다.

　　문장을 살펴보자. 공자는 주공과 같은 재주와 재능을 가지고 있
는 사람이라도 거만하고 인색하다면 "볼 것도 없다"라고 말했다.

179

한마디로 말해서 거만하고 인색한 사람이라면 능력이 아무리 많아도 언급할 가치도 없다는 뜻이다. 공자가 '거만함'과 '인색함'에 이처럼 강력한 반감을 드러낸 이유는 무엇일까?

거만함과 인색함은 기준이 모호해 쉽게 판단할 수 없다. 가령 자신감과 거만함은 종종 구별하기 힘들다. 자신감이 너무 지나치면 거만해지기 쉽지만, 한편으로는 당당한 면모로 보일 수도 있다. 인색함도 마찬가지다. 과도한 예리함이 인색하게 보일 수 있으나 정확한 것을 지키려는 성향이 그릇된 것은 아니다. 그리고 거만함과 인색함은 자신이 그러한 성향을 갖고 있어도 스스로 그 사실을 알아차리기 어렵다. 한마디로 말해서 이 두 가지의 단점은 모호해서 판단하기가 쉽지 않다. 모호해서 의식하기가 어렵기 때문에 더 큰 잘못을 저지르기도 쉬운 것이다.

이 문장에서 공자는 우리에게 거만함과 인색함을 조심하려면 자신을 돌아보고 다른 사람에게 주의를 환기해야 한다고 말한다. 거만한 것은 명성을 좋아하는 것이고, 인색한 것은 물질을 좋아하는 것이다. 그리고 명성과 물질을 좋아한다는 것은 탐욕스럽다는 의미다. 탐욕을 부리는 사람은 쉽게 불만을 품고 판단력을 잃게 되기 때문에 많은 고통에 시달리게 된다.

명성과 물질을 좋아하는 것은 정신적인 부분에서나 물질적인

나는 논어를 만나 행복해졌다

부분에서 자신을 중심에 두고 있다는 것이다. 거만함은 정신적인 부분이고 인색함은 물질적인 부분이다.

'거만함'과 '인색함'을 가진 사람은 내면의 즐거움이 부족하다. 『다시 일어서는 용기What Life Should Mean to You』의 작가 아들러Alfred Adler는 열등감을 없애는 방법에 대해 이야기한다. 개인의 가치와 전체 사회의 가치가 하나로 융합되려면 자기중심에 대한 집착을 내려놓아야 한다. 모든 일에서 개인의 명예와 이익을 최우선으로 하면 곤경에 빠지기 쉽지만, 사회의 가치를 고려하면 어떤 성과든 이룰 수 있다.

공자의 행복한 사색 '자기 중심적 사고의 덫을 조심하라'

창업자나 전문 경영인을 평가할 때 그 사람이 사회 전체에 관심을 갖는지 아니면 개인의 명예와 이익에 관심을 갖는지를 봐야 한다.

많은 사람이 자신의 명예를 위해 일하며 명예로운 평가를 얻기를 바란다. 하지만 이것은 자기중심적인 모습으로 거만하고 인색한 것이다.

자신을 내려놓는 무아는 성인의 경지이다. 우리가 이 경지까지 이를 수 없다고 하더라도 자기중심의 함정에서 벗어나기 위해 노력할 수는 있다. 자기중심적인 생각에서 벗어나 사회의 가치를 더 많이 생각한다면 차츰차츰 모든 것이 밝아질 수 있을 것이다.

삼년학, 부지어곡, 불이득야
三年學, 不至於谷, 不易得也

소인다운 선비와
군자다운 선비

공자가 말하길 "3년을 배우고서 녹봉을 구하지 않는 사람은 쉽
게 얻지 못한다."

子曰 "三年學, 不至於穀, 不易得也."

자왈 "삼년학, 부지어곡, 불이득야."

문장에 쓰인 '곡穀'은 녹봉을 말한다. 고대의 임금은 돈이 아니
라 주로 곡식이었다. 그래서 '녹미祿米'라고 불렀다. 이번 문장은
두 가지로 해석해 볼 수 있다.

첫 번째는 다음과 같이 해석할 수 있다. "나에게 3년을 배우고
서 관직에 올라 녹봉을 받지 못하는 사람은 거의 없다." 자신만만
한 공자의 교육관이 느껴진다. 하지만 문자 그대로만 해석한다면

이 문장에서 어떠한 깨달음도 얻을 수 없다.

　두 번째 해석은 다음과 같다. "3년 동안 배운 뒤에도 권세에 빌붙어 돈을 벌 생각을 하지 않는 인재를 얻기란 쉽지 않다." 공자가 살던 시대에 유생은 일종의 직업이었고, 군자다운 선비와 소인다운 선비가 있었다. 유교를 돈을 버는 수단으로 삼아 다른 사람을 대신해 편지를 써주거나 경조사를 진행하며 돈을 버는 건 소인다운 선비다. 공자의 제자들은 대부분 좋은 자리를 추천받아 돈을 벌 수 있기를 원했다. 하지만 공자는 모든 제자가 군자다운 선비가 되어 천하의 일을 자신의 임무로 삼고 어진 정치를 펼치는 걸 이상으로 삼기를 바랐다.

공자의 행복한 사색 '배움의 초심을 간직하라'

공자는 진심으로 학문을 좋아했지만, 배우는 데만 열중하는 것은 쉽지 않은 일이라고 보았다. 그래서 공자는 소인다운 선비의 가치를 부정하지 않았고, 배운 뒤 관직에 나가거나 녹봉을 구하는 것을 나쁘다고 생각하지도 않았다. 공자는 그저 배움의 초심을 유지하며 전심전력으로 배우는 사람이 굉장히 드물다고 말했을 뿐이다.

독신호학, 수사선도

篤信好學, 守死善道

충격이 닥쳤을 때
이익을 취하라

공자가 말하길 "독실하게 믿으며 배우길 좋아하고, 죽음으로써 선한 도를 지켜야 한다. 위태로운 나라에는 들어가지 말고, 혼란스러운 나라에는 살지 말아야 한다. 천하에 도가 있으면 나타나고, 도가 없으면 숨는다. 나라에 도가 있음에도 가난하고 천한 건 부끄러운 일이고, 나라에 도가 없음에도 부유하고 귀한 건 부끄러운 일이다."

子曰 "篤信好學, 守死善道. 危邦不入, 亂邦不居. 天下有道則見, 無道則隱. 邦有道, 貧且賤焉, 恥也; 邦無道, 富且貴焉, 恥也."

자왈 "독신호학, 수사선도. 위방불입, 란방불거. 천하유도즉현, 무도즉은. 방유도, 빈차천언, 치야; 방무도, 부차귀언, 치야."

앞서 소개한 문장과 연관해서 해석할 수 있는 문장이다. "3년을 배우고서 녹봉을 구하지 않는 사람을 쉽게 얻지 못하는" 이유를 이 문장에서 말하고 있다. "독실하게 믿으며 배우길 좋아하고, 죽음으로써 선한 도를 지켜야" 하기 때문이다.

나는 배움의 힘을 굳게 믿고 있다. '판덩독서'를 여러 해 동안 운영하면서 여러 강연회에서 매번 다양한 주제로 강연했지만 목표는 단 하나였다. 바로 '배움의 힘'이다. 배움은 생활을 바꾸고 인성을 발전시켜 우리를 다른 사람으로 변화시킬 수 있다.

"죽음으로써 선한 도를 지켜야 한다"라는 구절을 살펴보자. 공자는 사람은 필사적으로 선한 도를 지키며 좋은 사람이 되는 데 뜻을 두어야 한다고 보았다. 플라톤도 철학의 목적은 자신을 더 좋은 사람으로 만들기 위한 것이라고 말했다. 배워서 좋은 사람이 되는 것은 동양이나 서양이나 차이점이 없다. 독실하게 믿으며 배우길 좋아하는 건 학문의 한 부분이고, 죽음으로써 선한 도를 지키는 건 도덕의 한 부분이다. 학문과 도덕을 두루 갖추는 것은 모든 학자가 추구했던 목표였다.

이어서 공자는 제자들에게 "위태로운 나라에는 들어가지 말고 혼란스러운 나라에는 살지 말아야 한다"라고 일러준다. 당시에는 국경을 넘는 여행이 흔치 않았다. 그러니 그 당시에는 "위태로운 나라에 들어가고 혼란스러운 나라에 사는 것"은 모험이자 도박이었다. 공자는 생명을 소중하게 여겼다. 그래서 공자는 위태로운 나라에 가지 말 것을 권고했다.

"천하에 도가 있으면 나타나고 도가 없으면 숨어야 한다"라는 것도 일맥상통하는 의미다. 공자는 천하에 도가 있는지 없는지에 신경을 많이 썼다. 천하에 도가 있어 사회가 질서정연하고 사람들이 예절과 도리를 지킨다면 과감히 세상에 나가 열심히 일할 수 있다. 하지만 난세에는 몸을 온전히 보전하는 일이 더 중요하다.

다음 구절인 "나라에 도가 있음에도 가난하고 천한 건 부끄러운 일"이라는 것은 나라가 질서를 갖추고 번영하는 상황에서 가난하고 천하다는 것은 무능함의 표현이라는 뜻이다. 국가가 안정되고 정치가 잘 이뤄져 모두가 앞다투어 발전하는데 자신만 제자리에서 게으름을 피우다가 가난하고 천해진다면 부끄러운 일이다.

이어지는 구절도 앞 구절과 쌍을 이루며 해석할 수 있다. "나라에 도가 없음에도 부유하고 귀한 건 부끄러운 일"이라는 것은 국가가 위태롭고 정치가 어지러운 상황에서 호의호식하는 건 부끄러운 일이라는 뜻이다. 나라가 혼란에 빠졌을 때 혼자서만 호사스러운 생활을 하는 것은 덕을 갖추지 못한 것이니 부끄러운 일이다. 무능하고 덕이 없는 것을 공자는 치욕으로 생각했다.

나는 논어를 만나 행복해졌다

이 문장의 뜻을 깊이 이해하고 싶다면 '안티프래질Anti-fragile'의 의미를 생각해 보자. 글자 그대로 해석하자면 깨지기 쉬운Fragile 것이 아닌Anti 상태라고 생각하기 쉽다. 하지만 안티프래질의 핵심은 '충격이 닥쳤을 때 잠재적 손실보다 이득이 커지는 비대칭적인 현상'을 말한다. 이 개념을 고안한 경영학자 나심 탈레브는 안티프래질의 대표적인 예를 그리스 신화에 나오는 머리가 여럿 달린 뱀, '히드라'로 소개했다. 히드라는 머리 하나를 자르면 그 자리에서 머리 두 개가 나오는 전설 속의 생명체이다.

공자는 안티프래질 능력이 아주 강한 사람이었다. "천하에 도가 있으면 나타나고 도가 없으면 숨는다"라는 말은 공자가 천하에 도가 있을 때는 관직에 나갔고 천하에 도가 없을 때는 돌아와 스승이 되었다는 뜻이다. 만약 공자가 관직에 나가는 데만 집착했다면 인생에 어떤 즐거움도 느끼지 못하고 다른 가치도 찾지 못했을 것이다.

집착에 사로잡히면 단순해진다. 모든 목표가 오직 관직에 오르는 한 가지 일에만 집중되기 때문에 세상의 변화에 대응할 수 없게 된다. 나라에 도가 있다면 문제가 없겠지만, 나라에 도가 없어진다면 목숨을 부지하기도 힘들어질 수 있다. 나라에 도가 있든 없든 공자는 여유 있게 현실을 받아들이고 자기 삶을 살아갈 수

있었다. 공자의 내면에 다른 사람과 가장 다른 점이 있다면 그것
은 '즐거움'이다.

공자의 행복한 사색 '최적의 자리를 향한 끊임없는 정진'

공자의 말은 항상 침착하고 여유가 있다. 그는 천하의 도가 있고 없는
것과 같이 중요한 주제까지도 담담하게 말한다. 그가 이처럼 담담할 수
있는 이유는 운명이 자신을 어디로 이끌든 침착하게 받아들일 수 있기
때문이다. 공자는 자신이 갈 수 있는 가장 좋은 위치를 찾아 계속해서
더 높은 곳으로 오를 줄 아는 사람이었다.

나는 논어를 만나 행복해졌다

◆ ◆ ◆

부재기위, 불모기정

不在其位, 不謀其政

상대방의 불확실성까지
끌어안을 수 있는 용기

공자가 말하길 "그 자리에 있지 않으면 그 정사를 도모하지 않는다."

子曰 "不在其位, 不謀其政."

자왈 "부재기위, 불모기정."

이 문장은 지금도 종종 쓰는 말이다. 예를 들어서 어떤 사람이 도움을 청할 때 "그 자리에 있지 않으면 그 정사를 도모하지 않는 법이니 내가 관여할 일이 아니다"라고 말하며 거절한다. 즉, 어떤 문제의 책임을 회피하는 것이다. 하지만 이런 용도로 이 문장을 사용하는 것은 공자의 본래 뜻과 맞지 않는다.

『책임감 중독The Responsibility Virus』의 저자 로저 마틴은 책임감 중독이 조직의 도전 정신을 없애고 직원들을 무능하게 만든다고 역설한다. "그 자리에 있지 않으면 그 일에 관여하지 않는다"는 태도는 항상 의식적으로 선을 분명하게 긋는 행동이다. 즉, 나의 일은 다른 사람이 간섭할 수 없고, 나의 일이 아닌 것은 내가 신경 쓸 필요가 없다고 생각하는 것이다. 이와 같은 생각이 팽배해지면 조직은 책임감 바이러스에 감염되게 된다. 가령 다음과 같은 상황이 펼쳐진다.

"자네가 틀렸으니까 내가 관리해야겠어."
"그래, 이제 자네가 관리하니 나는 손 떼겠어."

모든 사람이 '여러 일에 관여하지 말고 내가 맡은 작은 일만 잘하면 그만이야.'라고 생각하는 문화는 조직을 발전시킬 수 없다. 자신의 책임을 아주 좁은 범위로 축소하면 조직은 침체 상태에 빠지게 된다. 어떤 문제가 생겼을 때 누구도 자기 잘못이라 생각하지 않기 때문이다.

이처럼 책임감 바이러스는 공동의 목표와 바람을 잃게 만든다. 감정적으로 일을 처리하고 구성원 사이에 신뢰가 부족해져 혼자 도맡아 처리하려 하거나 전혀 관여하지 않으려 한다. 책임을 감당해야 한다는 두려움 때문에 모두 자기가 잘못을 저지를 확률을 줄

이는 데만 집중하게 된다. 이럴 경우 누구도 잘못을 저지르지 않을 수는 있겠지만 전체 조직은 처음 목표에서 갈수록 멀어지게 된다.

공자가 "그 자리에 있지 않으면 그 정사를 도모하지 않는다"라고 말한 것은 어떤 일이든 간섭하지 말고 책임지려 하지 말라는 뜻이 아니다. 서로 상대를 신뢰하면서 다른 사람의 일에 왈가왈부하지 말라는 뜻이다. 경영자가 부하 직원에게 일에 대한 권한을 넘겼다면 부하 직원이 뭘 하든 관여하지 말고 시행착오를 겪도록 내버려 두어야 한다. 하지만 실제 생활에서 이를 실천하기란 어렵다. 용감한 경영자들만이 부하 직원을 전적으로 신뢰할 수 있다.

『경영자 양성 노트經營者養成筆記』의 저자 야나이 다다시柳井正는 경영자를 양성하려면 먼저 마음껏 일할 수 있게 권한을 주고, 실수해도 못 본 척해야 한다고 말한다. 실수는 배우기 위해 반드시 거쳐야 하는 과정인 만큼 내버려 두어야 한다는 것이다.

공자는 이 문장에서 용감하게 다른 사람을 믿어야 한다고 말한다. 이것은 단순한 믿음의 문제가 아니다. 공자의 말은 상대방의 불확실성까지 감내할 수 있는 포용력을 의미한다. 설사 상대방이 잘못했다고 하더라도 결과를 두려워하지 말며 시행착오를 인정해 주고 성장의 기회를 제공해 주어야 한다. "그 자리에 있지 않으면 그 정사를 도모하지 않는다"라는 것은 절대 방관하는 태도나 책임을 회피하는 태도가 아니다. 일에 관심이 많지만, 상대방이 직접 경험하는 것이 가장 좋다는 걸 알기에 손을 놓는 태도를 말한다.

이를 실현하기 위해서는 윗선과 아랫선 모두 기본적인 믿음이 있어야 한다. 믿음이 없는 회사의 경우를 보자. 말단 직원들은 윗선에서 잘못된 결정을 내릴까 봐 걱정하며 언제든지 자신을 보호할 수 있는 상태를 취하게 마련이다. 즉, 경영자가 잘못하든 안 하든 일단 자신이 살길을 찾기 위해서 경영자의 지시를 건성으로 처리하는 경향이 강하다. 직원이 이런 자세로 일하는데 과연 회사의 목표가 실현될 수 있을까? 경영진에 대한 믿음이 필요한 이유가 여기에 있다. 그래야 자신이 해야 할 일에 최선을 다할 수 있고, 가장 좋은 방법을 선택해 경영자의 비전이 이뤄질 수 있도록 도울 수 있다.

공자의 행복한 사색 '성장의 가장 큰 자양분, 믿음'

공자는 믿음을 중요하게 생각했다. 상대방이 잘하든 못하든 믿고 기다려주는 행동은 중요하다. 3천 명의 제자를 거느렸던 공자에게 이는 다른 누구보다 힘들고 험난한 과정이었을 것이다. 그럼에도 그는 과연 성인답게 묵묵히, 그리고 믿음으로 이들을 성장을 지켜봐 주었다. 이런 인품은 아이를 교육시키는 부모에게도, 선생에게도 필수요소가 된다.

◆ ◆ ◆

광이부직

狂而不直

'단점+단점'의
가공할만한 파괴성

공자가 말하길 "호기스러우면서 곧지 못하고, 무지하면서 성실
하지 않으며, 무능하면서 신뢰가 없다면 나는 알지 못하겠다!"
子曰 "狂而不直, 侗而不愿, 悾悾而不信, 吾不知之矣!"
자왈 "광이부직, 동이불원, 공공이불신, 오부지지의!"

공자가 사람들이 멀리해야 할 세 가지 단점에 대해 이야기한다.
첫 번째 단점은 "호기스러우면서 곧지 못한 것"이다. 문장에 쓰
인 '광狂'은 굉장히 진취적이고 이상과 추진력을 갖추고 있으면서
호기스러운 상태를 말한다. 이런 사람이라면 문제가 없을 것 같
다. 하지만 공자는 이런 성향의 사람이 곧지 못하다면 위험하다고
말한다. 호기스러우면서 곧지 못한 사람이란 겉으로는 털털하고

너그럽게 행동해 뭐든 문제 삼지 않는 것처럼 보이지만, 실제 마음은 그렇지 못한 이를 말한다.

두 번째 단점은 "무지하면서 성실하지 않은 것"이다. 이 구절에 쓰인 '동侗'은 무지한 상태이고, '원愿'은 성실하다는 의미다. 성실한 사람이 무지한 것은 큰 문제가 아니다. 하지만 무지한 사람이 성실하지도 않다면 게으름을 피우는 것이니 문제가 될 수 있다.

세 번째 단점은 "무능하면서 신뢰가 없는 것"이다. 여기서 '공공悾悾'은 어리석으면서 무능하다는 의미다. 이런 사람은 성실하고 신용을 지킬 줄은 안다. 만약 어리석고 무능하면서 신용도 지키지 않는 사람이라면 받아들일 만한 점이 없는 사람이라 할 수 있다.

공자는 위와 같은 단점을 가진 사람들을 어떻게 도와줘야 할지 모르겠고 뭐라 해 줄 말도 없다고 말한다. 공자가 "나는 알지 못하겠다"라고 표현할 때는 부정적인 의미가 강하다.

사람은 누구나 장단점을 갖고 있다. 장점으로 단점을 보완하고 균형을 맞출 수 있다면 문제가 되지 않는다. 그리고 만약 장점이 더 많은 사람이라면 장점과 장점이 합쳐져 서서히 시너지 효과를 낼 수 있다. 예를 들어서 겸손하고 배우길 좋아하는 사람이 사람들과 어울리는 것도 잘한다면 지혜로우면서 어질게 변할 수 있다. 장점들은 서로 합쳐져서 상부상조한다.

하지만 단점들은 반대다. 단점들이 합쳐진다면 파괴성이 더욱 강해져 소용돌이에 빠진 것처럼 그 안으로 빨려 들어가게 된다. 거만하면서 솔직한 사람이나, 어리석으면서 관대한 사람이나, 성실하고 무능하면서 신용을 잘 지키는 사람이라면 문제가 없다. 하지만 호기로우면서 곧지 못하거나, 무지하고 무능하면서 신중하지 못하거나, 겉보기에는 성실해서 다른 사람의 믿음을 쉽게 얻으면서 속이려 하는 것은 단점과 단점이 합쳐져 더욱 안 좋은 상황으로 빠지게 되는 경우다.

공자는 겉으로는 호기스러우면서 내면은 곧지 못하거나, 무지하면서 부지런히 배우려 하지 않거나, 능력이 없으면서 다른 사람을 속이길 좋아하는 사람을 가장 경계해야 한다고 말한다. 이런 경우는 가르쳐서 바뀔 수 없다는 것이다. 공자는 화가 날 때면 푸념을 잘 늘어놓았다. 아마도 공자가 가르친 제자 중에서 그를 실망하게 한 제자들도 많았을 것이다. 그러니 이런 제자들을 바른길로 이끌어주려 노력하면서 가르치기 어렵다고 한탄했을 수 있다.

공자는 우리에게 단점이 있는 것을 걱정하지 말고, 단점과 단점이 합쳐지는 것을 걱정해야 한다고 말한다. 어떤 단점이든 그 자체로는 치명적이지 않다. 하지만 다른 단점과 합쳐져서 위력이 강해진다면 심각한 문제가 될 수 있다.

'호기스러우면서 곧지 못하다면' 겉으로는 호방하면서 실제로는 마음이 좁아 사소한 일도 마음에 두게 된다. 또 '무지하면서 성실하지 않다면' 무식하면서 배우려 하지 않아 너그럽지 않게 된다. 아울러 능력이 없는 사람이라도 '신용'을 지킨다면 인정받을 수 있지만, '무능하면서 신뢰가 없다면' 능력도 없으면서 신용도 없는 것이니 아무에게도 도움을 얻을 수 없다.

단점을 극복해 장점으로 변화시켜보자. 내가 가진 장점으로 새로운 장점을 만들어내 시너지 효과를 일으킨다면 삶은 더욱 좋게 변할 것이다.

◆ ◆ ◆

학여불급, 유공실지

學如不及, 猶恐失之

인생은 끝이 있지만
배움에는 끝이 없다

공자가 말하길 "배움을 따라가지 못하는 것 같으면서 잃을까 두렵다!"

子曰 "學如不及, 猶恐失之!"

자왈 "학여불급, 유공실지!"

공자의 배움에 대한 열망이 너무 커 초조함마저 느껴지는 문장이다. 적당한 초조함과 긴장감은 삶의 활력소가 될 수 있다. 배우는 과정에서 조금도 초조해하지 않는다면 자기계발의 속도는 더딜 것이다. 물론 여기서 말하는 것은 건강을 해칠 정도가 아닌 적절한 수준의 긴장감을 말하는 것이다.

197
•

심리학자 여키스Yerkes와 도슨Dodson의 이름을 딴 '여키스 도슨 법칙Yerkes-Dodson Law'은 초조함의 긍정적인 힘을 설명한다. 적절한 초조함은 더 많은 것을 배우려는 욕구를 불러일으키고 효율성을 높여준다. 하지만 과도한 초조함은 지나친 긴장감에 휩싸이게 만들어 효율성을 떨어뜨리게 한다.

"배움을 따라가지 못하는 것 같다"라는 것은 어떤 상태일까? 배울수록 아는 게 부족하다고 느끼는 사람이 있다. 배워야 할 것이 갈수록 많아져서 따라가지 못하는 것 같다고 느끼는 사람도 있다. 다른 사람보다 학식이 풍부했던 공자도 배움을 따라가지 못하는 것 같다고 생각할 때가 있었다.

지식의 범위는 넓어질수록 접촉하는 영역도 그만큼 넓어진다. 따라서 배울수록 자신이 알지 못하는 범위를 더 넓게 의식하게 된다. 하지만 어느 한 분야만 파고든 사람이라면 자신이 모든 것을 다 안다고 착각할 수 있다. 그러나 전문가들도 결국 자신의 분야를 넘어서야 좀 더 완벽한 지식에 다가갈 수 있다. 이렇게 접촉하는 지식의 범위가 넓어지면 넓어질수록 모르는 것이 많다는 사실을 자각하게 된다.

마지막 구절인 "잃을까 두렵다"라는 것은 지식을 잃게 될까 두려워하는 것이다. 많은 것을 배우지도 못하는데, 힘들게 배운 것마저도 잊어버린다고 초조해하는 사람들이 있다. 배움의 바다에서 헤엄치는 사람들이라면 이런 상황을 피하기 어렵다. 공자도 배운 것을 "잃을까 두렵다"고 했으니 우리는 너무 초조해할 필요는 없다.

배움에 대한 공자의 고백은 자신의 초조한 마음을 인정했다는 의미다. 자기 자신을 알면 우리는 문제를 극복할 수 있는 기회를 얻을 수 있다. 배움에 대한 초조함을 받아들였다면 더욱 열심히 배우게 된다. 공자의 다음과 같은 말은 이를 강조한다.

> "내가 종일 밥을 먹지 않고, 밤새도록 잠을 자지 않으며 생각했으나 유익한 점이 없었으니 배우는 것만 못하였다吾嘗終日不食, 終夜不寢, 以思, 無益, 不如學也."

장자도 배움에 대해서 다음과 같이 말했다.

> "나의 삶에는 끝이 있지만, 아는 것에는 끝이 없으니 끝이 있는 것으로 끝이 없는 걸 찾으면 위태로울 뿐이다吾生也有涯, 而知也無涯. 以有涯隨無涯, 殆已."

인생은 끝이 있지만 지식은 끝이 없다. 유한한 생명으로 무한한 지식을 추구하는 것이 위태로운 이유는 배움은 다 이룰 수 없기 때문이다.

공자와 장자의 배움에 대한 관점은 다소 차이가 있다. 공자는 자신이 "배움을 따라가지 못하는 것 같으면서 잃을까 두려워"한다는 점을 인정하고 여전히 노력해서 배워야 한다고 생각했다.

세상의 모든 지식을 배우는 것은 불가능하다. 또 모든 것을 다 배울 필요도 없다. 하지만 살아 있는 동안에 계속해서 지식을 탐구하는 삶은 아름답지 않겠는가?

공자의 행복한 사색 '배움을 앞둔 초조함의 즐거움!'

배움에 대한 초조함을 완화하려면 어떻게 해야 할까?

공자는 이미 방법을 말했다. 초조한 마음을 있는 그대로 받아들이는 것이다. 초조함도 정상적인 상태로 볼 수 있는 경우가 있다. 우리가 멀리 해야 할 것은 초조해하는 것이 아니라 자기 자신을 인정하지 않는 태도이다. 마음이 초조해질 때는 이렇게 생각해 보자.

'내가 지금 초조해하는 것은 정상이야. 공자도 겪었던 일이잖아.'

나는 논어를 만나 행복해졌다

◆ ◆ ◆

순우지유천하야이불여언

舜禹之有天下也而不與焉

뛰어난 경영인은
자리에 연연하지 않는다

공자가 말하길 "위대하구나. 순임금과 우임금은 천하를 갖고도
관여하지 않으셨도다!"

子曰 "巍巍乎! 舜禹之有天下也而不與焉!"

자왈 "외외호! 순우지유천하야이불여언!"

첫 문장에 쓰인 '외외호巍巍乎'는 직역하면 높이 솟은 모습을 말
한다. 여기에 쓰인 한자의 의미는 '위대하다' 혹은 '대단하다'라는
뜻이다. 『논어』에서 자주 거론되는 요임금, 순임금, 우임금, 탕왕,
문왕, 무왕, 주공은 모두 성인으로 불리는 이들이다. 공자는 이들
을 이야기할 때마다 존경의 마음을 표했다. 순임금과 우임금이 높
이 솟은 모습처럼 보였다는 것은 그들의 품성이 위대하다는 것을

설명한 것이다. 천하를 품에 안은 순임금과 우임금이 그것에 관여하지 않았기 때문이다.

고대의 군왕들은 그 자리에 오르기 위해 권력자들과 싸우고, 제위에 오르면 기뻐하고 만족스러워했다. 옥좌에 올랐다는 것은 그들의 조상들에게 자신의 능력을 증명해 보이는 일이었다. 하지만 순임금과 우임금은 군왕이라는 지위를 즐거움으로 여기지 않았다.

제왕의 자리는 어떤 의미일까? 영광의 상징일까? 제왕의 자리는 우월감이 아니라 책임감을 요구한다. 중요한 관직에 오른 사람 대부분은 자신의 권력과 지위를 생각할 뿐 자신이 얼마나 많은 책임을 짊어져야 하는지, 얼마나 중요한 일을 올바르게 처리해야 하는지는 생각하지 않는다.

"덕이 얇은데 지위는 높다德薄而位尊"라는 말이 있다. 사람의 능력이 그가 가진 자리에 부합하지 않는다는 뜻이다. 그리고 덕이 부족한 사람이 지위가 높다면 그 사회는 문제가 발생하기 마련이다. 하지만 순임금과 우임금은 천하를 갖고도 이것에 연연하지 않았다. 그들은 제왕의 자리가 대단하다고 생각하지도 않았다. 공자가 순임금과 우임금을 위대하게 본 이유가 바로 여기에 있다.

명예와 자리를 대수롭지 않게 바라보고 담담하게 받아들이는 이유는 뭘까? 백성들에 대한 경외심이 있기 때문이다. 백성들은

나는 논어를 만나 행복해졌다

착취하는 대상이 아니다. 군왕은 백성들을 위해 일하는 사람일 뿐이다. 백성들을 아랫사람이 아니라 평등하게 생각하는 군왕만이 이런 자세를 견지할 수 있다. 공자의 이런 생각은 노자의 관점과 일치한다.

노자는 『도덕경』에서 "자기 몸을 뒤로해 몸이 앞서고, 자기 몸을 소외시켜도 존재한다."라고 말했다. 경영인이 그가 속한 조직에서 자신의 권력과 이익을 우선시하지 않는다면, 조직원들은 그를 더 존경할 것이다. 권위가 있는 것과 권위적인 것은 다르다. 권위는 자신의 지위를 주장하지 않을 때 자연스럽게 형성된다.

공자의 행복한 사색   '권위를 갖되 권위적이지 않게'

지도자는 통치가 아니라 복무한다는 생각을 가지고 백성을 대할 때 비로소 모두에게 유익하고 혜택이 가는 일을 할 수 있다. 지도자가 오로지 자신의 이익만 꾀할수록 권력욕을 추구하는 사회는 장밋빛 미래를 기대할 수 없다.

◆ ◆ ◆

우, 오무간연의

禹, 吾無間然矣

백 마디 말보다 행동으로
실천하는 리더의 참모습

공자가 말하길 "우임금은 내가 흠잡을 데가 없다! 변변치 않은 음식을 먹으면서도 귀신에게 효를 다하였고, 초라한 옷을 입으면서 불면에는 아름다움을 다하였으며, 궁실은 누추해도 도랑에는 힘을 다하였다. 우임금은 내가 흠잡을 데가 없구나!"

子曰 "禹, 吾無間然矣! 菲飮食而致孝乎鬼神, 惡衣服而致美乎黻冕, 卑宮室而盡力乎溝洫. 禹, 吾無間然矣!"

자왈 "우, 오무간연의! 비음식이치효호귀신, 악의복이치미호불면, 비궁실이진력호구혁. 우, 오무간연의!"

문장에 쓰인 '오무간연의^{吾無間然矣}'는 흠잡을 데가 없다는 뜻이다. 바로 우임금의 성품을 말한다. 뭐라 형용할 수 없을 정도로 뛰어난 사람이라고 칭송한 우임금은 어떤 사람이었을까?

우임금은 변변치 않은 음식을 먹으면서도 예를 갖추었다. '망자
비박菲自菲薄'이라는 사자성어가 있다. 자신을 하찮은 사람으로 낮
춘다는 뜻이다. 여기에 쓰인 한자 '비'와 '박'은 동의어이다. 이 문
장에 쓰인 '비음식非飮食'은 그래서 하찮은 음식이란 의미가 된다.
우임금은 먹는 것에 신경을 쓰지 않았다. 하지만 "귀신에게 효를
다하였다"는 말처럼 제사를 지낼 때는 풍족한 제물을 준비했다.

　우임금과 마찬가지로 공자도 제사를 중시했다. 하지만 공자는
귀신의 존재에 대해 명확하게 설명하지 않았다. 공자는 다만 귀신
을 존중해야 한다는 태도를 보였다. 사후 세계와 관련이 있는 제
사를 신경 써야 할 이유는 뭘까?

　사후 세계에 대한 믿음은 산 자들의 세계에 어떤 기능을 수행한
다. 가령 고대 유럽의 유적 스톤헨지StoneHenge는 제사를 위해 만들
어졌다고 고고학자들은 말한다. 귀신, 사후 세계, 조상에 대한 개
념들은 사회 구성원들을 하나로 단결하게 만들 수 있다. 공자의
생각도 마찬가지다. 공자가 제사를 중시한 이유는 제사를 활용해
모두를 단결시킬 수 있기 때문이었다.

　우임금이 자신은 변변치 않은 음식을 먹으면서도 제사 예식은
소홀히 하지 않았던 이유는 제사가 국가의 대사였기 때문이다. 제
사는 사회 구성원들에게 통일된 세계관을 공유할 수 있게 한다.

같은 조상을 갖고 있다는 믿음은 공동체의 구심력을 형성한다.

'변변치 않은 음식'뿐만 아니라 우임금은 '초라한 옷'을 개의치 않았다. 이어지는 구절 "불면에는 아름다움을 다하였으며"에 쓰인 '불면黻冕'은 제사 때 입는 의복을 말한다. 평상시에는 초라한 옷을 입었던 우임금도 제사를 올릴 때는 화려한 옷을 입었다. 여기서도 제사를 중요하게 생각하는 우임금의 생각을 엿볼 수 있다.

이어지는 구절 "궁실은 누추해도"는 임금의 거처를 설명한다. 초라한 옷만큼이나 우임금의 거처도 누추했다. "도랑에는 힘을 다하였다"라는 구절은 우임금이 왕실의 안락함은 신경 쓰지 않았어도 백성들을 위한 치수治水에 힘썼다는 뜻이다. 농경 중심의 옛사람들은 홍수를 가장 두려워했다. 수리 사업을 잘하는 것은 백성들의 민생을 돌보는 것이다.

우임금은 높은 생활 수준을 바라지 않았다. 간소한 음식을 먹고, 소박한 옷을 입으며, 누추한 곳에서 살았다. 그리고 모든 재물, 자원, 힘을 제사와 백성들에게 쏟아부었다. 공자가 "우임금은 흠잡을 데가 없다"고 말한 이유는 바로 여기에 있다.

『논어』「태백 편」에는 우임금, 요임금 등 성인에 대한 이야기가 많이 거론됐다. 공자가 이들을 존경하는 이유는 한결같다. 자신을 낮추고 백성들을 사랑하는 것이 바로 진정한 군주의 모습이라고 공자는 생각했다. 이는 어쩌면 아주 평범한 진리일 것이다.

공자의 행복한 사색 '화려한 언변의 무용함'

우리는 지금도 겉으로는 국민을 위한다는 정치인들의 발언을 쉽게 들을 수 있다. 하지만 우리가 그들을 신뢰하지 않는 이유도 알고 있다. 국민을 위한다는 말은 그저 정치적 수사에 그칠 뿐이기 때문이다. 정치뿐만이 아니다. 어떤 조직에서도 우리는 이와 같은 모습을 목격하게 된다. 그리고 또 우리는 알고 있다. 진정한 리더는 말이 아니라 행동으로 본보기를 보여준다는 것을.

무아는 주관적이지 않음을 말한다.
아집에 갇혀 자신을 중심에 두고 생각하지 않는 것이다.
이처럼 공자는 추측, 독단, 고집, 아집을 절대 하지 않으려 했다.

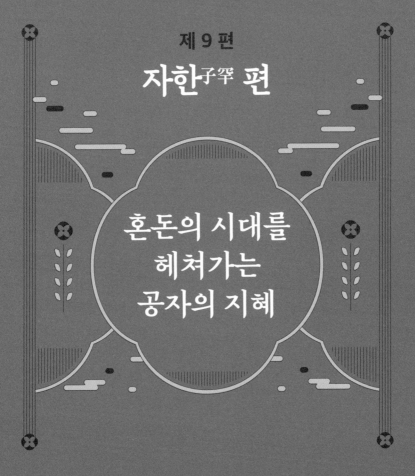

제 9 편

자한子罕 편

혼돈의 시대를
헤쳐가는
공자의 지혜

◆ ◆ ◆

자한언리

子罕言利

인생의 사명감을 찾으면
더는 이익에 휘둘리지 않게 된다

공자는 이익에 대해 거의 말하지 않았으나 명, 어짊에 대해서
는 동의했다.
子罕言利與命與仁.
자한언리여명여인.

이 문장은 '자한언리, 여명, 여인子罕言利, 與命, 與仁'으로 문장을 끊
어볼 수도 있다.

먼저 문장을 해석해 보자. 이 문장에는 두 가지 해석이 있다.

첫 번째 해석은 공자가 이익에 대해서 드물게 언급했고, 또 명命
과 어짊에 대해서도 거의 언급하지 않았다는 해석이다.

두 번째 해석은 '여與'를 동의의 뜻으로 보고 공자는 이익에 대

210
•

해 거의 말하지 않지만, 명과 어짊에 대해 말하는 데 동의했다고 해석하는 것이다. 어느 해석이 더 그럴듯한가?

나는 두 번째 해석으로 이 문장을 파악했다. 공자는 '이익利'과 '명命'이란 두 글자에 각기 다른 태도를 보였다. '이익'의 경우 "군자는 의로움에 밝고, 소인은 이익에 밝다"라는 문장처럼 공자는 기본적으로 부정하는 태도를 보였다. 그리고 '명'의 경우에는 "명을 깨달아 즐겁다樂天而知命", "명을 모르면 군자가 될 수 없다不知命, 無以爲君子也"라는 문장처럼 긍정적인 태도를 보였다. 이것을 기반으로 이 문장을 '자한언리子罕言利'와, '여명여인與命與仁' 두 단락으로 나눠보자.

여기서 '여與'는 접속사가 아닌, '동의하다'는 뜻의 동사이다. 공자는 이익은 인생의 가장 큰 추진력이 아니라고 생각했다. 조직이든 개인이든 동기가 이익이라면 가장 먼저 수입이 얼마인지, 성과급이 얼마인지를 생각하게 되니 추진력이 오래 가지 못하게 된다. 게다가 조직이 계속 이익을 중심으로 행동하면 원망이 많아지게 돼서 조직 전체가 해이해지게 된다.

그래서 공자는 명과 어짊이 더 중요하다고 본 것이다. 여기서 '명'은 '사명', '천명', '숙명'을 뜻한다. 명을 받아들이게 되면 자신의 인생에 궁극적으로 이뤄야 할 임무가 있다는 걸 알게 된다. 예를 들어서 사명은 목숨을 걸고 이뤄야 하는 일이다. 사람은 사명을 추진력으로 삼아 어질고 지조가 있는 사람이 되려 할 때 더 높이 발전할 수 있다.

쇼펜하우어는 사람은 욕망의 지배를 받고 있어 욕망이 충족되지 못하면 고통스러워하고, 충족되면 권태를 느끼기 때문에 결국 인생은 고통과 권태 사이를 오가는 시계추와 같다고 말했다. 인간은 인생의 추진력을 이익에 두기 때문이다. 하지만 만약 공자의 주장대로 명과 어짊을 인생의 가장 중요한 추진력으로 삼는다면 인생은 도달하기 힘든 경지를 추구하면서 성장과 변화의 과정을 즐기는 '무한 게임'으로 변하게 된다.

공자의 행복한 사색 '인생은 즐거운 도전의 연속'

우리는 어짊에 대해 '비록 거기에 이르지는 못하더라도 마음은 향해 있는' 태도를 갖추어야 한다. 도달하지 못하더라도 목표로 삼아 추구해 나아가야 하는 것이다. 이 과정은 결코 권태로운 과정이 아니며, 오히려 도중에 있는 수많은 검증과 시험이 우리의 인생을 더욱더 풍부하게 해줄 것이다.

박학이무소성명

博學而無所成名

배움을 향한 두 가지의 길,
박학과 정통

달항당 사람이 말하길 "위대하구나, 공자여! 박학하나 이름을
이루지 못했으니."

공자가 이 말을 듣고는 제자들에게 말하길 "내가 무엇을 잡아
야 하겠느냐? 수레 모는 일을 잡아야 하겠느냐? 활쏘기를 잡아
야 하겠느냐? 나는 수레 모는 일을 잡겠다."

達巷黨人曰 "大哉孔子! 博學而無所成名."

子聞之, 謂門弟子曰 "吾何執? 執御乎? 執射乎? 吾執御矣!"

달항당인왈 "대재공자! 박학이무소성명."

자문지, 위문제자왈 "오하집? 집어호? 집사호? 오집어의!"

과거 사회 조직에서 집들이 하나로 모여 있는 가장 작은 단위는
가정家庭이었다. 그리고 다음이 리里였으며, 이어서 여閭, 당黨, 항巷,

213

주州로 이어졌다.

'달항당 사람'은 『논어』에 종종 나타나는데 달항당 사람이 달항의 동자 향탁이라는 주장도 있다. 향탁은 역사적으로 매우 유명하다. 『열자列子』「탕문 편」에 기록된 고사 중에서 〈양소아변일兩小兒辯日〉은 향탁에 대한 이야기다. 향탁은 굉장히 총명한 아이였다. 향탁이 어느 날 공자에게 물었다.

"아침 태양이 가깝습니까? 아니면 정오 태양이 가깝습니까? 만약 아침 태양이 더 가깝다면 어째서 정오가 더 뜨거운 겁니까? 그리고 만약 정오 태양이 더 가깝다면 어째서 아침 태양이 더 커 보이는 겁니까?"

공자는 향탁의 당돌한 질문에 말문이 막혀서 대답하지 못했다고 한다. 이처럼 향탁은 역설을 활용해서 공자에게 도전하는 재미난 아이였다.

달항당 사람이 어느 날 공자의 제자들 앞에서 "위대하구나, 공자여! 박학하나 이름을 이루지 못했으니"라고 말했다. 향탁의 스타일을 보면 이 말은 분명 비꼬는 말이었을 것이다. 즉, 공자는 모든 걸 다 알고 있지만, 전문적인 능력을 갖추지 못해 제대로 할 줄 아는 것이 없다고 말한 것이다. 이 말을 들은 공자는 제자들에게 "내가 어떤 분야에서 뛰어나야 하겠느냐? 활쏘기에 전념해야겠느냐? 수레 모는 일에 전념해야겠느냐?"라고 말한다.

사실 공자는 육예에 정통했으니 예절, 음악, 궁술, 승마, 글쓰기, 수학 모든 것에 출중했다. 그리고 수레 모는 일도 무척 잘했다. 고대에 수레 모는 일은 쉬운 일이 아니었다. 당시 수레를 끄는 말은 쉽게 통제되지 않았을뿐더러 수레를 모는 사람은 수레를 몰면서 싸움에도 능해야 했기 때문에 아무나 할 수 있는 일이 아니었다.

공자는 활쏘기도 굉장히 잘해서 종종 제자들을 데리고 곡부성 활터에 가서 활쏘기를 연습했다. 그러니 달항당 사람의 말을 들은 공자는 속으로 무척이나 가소로웠을 것이다. 하지만 공자는 인심 좋은 웃음을 던지며 "내가 도대체 어느 방면에 더 뛰어나야겠는가? 활쏘기를 더 잘해야겠느냐? 아니면 수레 몰기를 더 잘해야겠느냐? 나는 수레 몰기를 더 잘해야겠다"라고 말했다.

이 문장은 '박학과 정통'을 주제로 토론할 때 자주 인용되었다. 사람은 박학해야 할까? 아니면 정통해야 할까? 박학하다는 것은 아는 게 많다는 것이다. 그런데 박학하면서 어느 한 부분에 정통한 것이 가능할까? 사실 이 점은 오랜 기간 해결되지 않은 토론의 주제이기도 하다.

한 분야를 이야기한다면 이를 '사상과 기술'의 차이점이라고 봐도 좋겠다. 공자는 사상, 인문, 철학 영역을 많이 다루었는데, 아마

제9편 자한子罕 편 l 혼돈의 시대를 헤쳐가는 공자의 지혜

도 달항당 사람은 전문 기술을 추구하는 실용주의자였을 것이다. 만일 철학과 실용, 사상과 기술, 박학과 정통 사이에서 한쪽을 선택해야 한다면 아마도 공자는 철학, 사상, 박학을 선택하지 않았을까 싶다.

심지어 공자는 "옛것을 계승하되 창작하지 않는다"라고 말하며 자신의 철학을 다듬으려 하지도 않았다. 그는 오래전부터 전해져 내려온 지식과 문화를 잘 전수하는 것만으로도 충분하다고 본 것이다. 공자의 이런 태도는 교육자인 그의 직업과 통하는 부분이 있다.

공자의 행복한 사색 ‘타인의 비난에도 웃는 경지’

공자가 달항당 사람의 말을 듣고 보인 반응을 보면 그가 굉장히 낙천적인 성격이라는 걸 알 수 있다. 공자는 혹 기분이 상할 수도 있는 말임에도 화를 내지 않고 '이 사람은 무슨 근거로 나에 대해 이렇게 말하는 거지?'라는 반응을 보인다. 또한 논쟁을 하는 대신 웃으며 "내가 한 가지를 잘해야 한다면 뭘 잘해야겠느냐? 나는 수레 모는 일을 잘했으면 한다"라고 응수한다.

이처럼 다른 사람의 비꼼에 가볍게 응수할 수 있다는 건 공자의 인생 경지가 높다는 걸 보여준다.

나는 논어를 만나 행복해졌다

수위중, 오종하
雖違衆, 吾從下

예에 대한
공자의 강건한 고집

공자가 말하길 "삼베로 면을 만드는 게 예이지만, 지금 명주로 만든 것이 검소하니 나는 대중을 따르겠다. 아래에서 절하는 게 예인데, 지금 위에서 절을 하는 건 편안하기 때문이다. 비록 대중과 어긋나더라도 나는 아래에서 하겠다."

子曰 "麻冕, 禮也, 今也純, 儉, 吾從衆. 拜下, 禮也, 今拜乎上, 泰也. 雖違衆, 吾從下."

자왈 "마면, 례야, 금야치, 검, 오종중. 배하, 례야, 금배호상, 태야. 수위중, 오종하."

면冕은 삼베로 만든 모자이며 치純는 명주실로 짠 명주를 말한다. 삼베와 비교했을 때 명주가 더 고급스러울 것 같지만, 사실 삼베로 모자를 만드는 게 기술적으로 더 어려웠다. 그래서 당시에는 삼베로 만든 면이 훨씬 더 비쌌다. 하지만 그럼에도 면을 쓰는 것이 예로 통했다.

공자가 "나는 대중을 따르겠다"라고 말한 건 과거는 예에 맞춰 삼베로 만든 면을 썼지만, 이제는 검소를 실천하기 위해 다른 사람들처럼 명주로 만든 면을 쓰고 다니겠다고 말한 것이다.

"아래에서 절하는 게 예이니"라는 구절을 보자. 당시 군왕 앞에서는 먼저 대청 아래에서 절하고, 이후 대청으로 올라와 다시 절을 하는 복잡한 과정이 필요했다. 하지만 그것이 예라 할지라도 사람들은 대청 아래서 절하는 과정을 생략하고 곧장 대청 위로 올라와서 한 번만 절하는 것을 편하게 생각했다.

하지만 공자는 이런 실태가 마뜩지 않아 보이는 것이다. 곧바로 이어서 "비록 대중과 어긋나더라도 나는 아래에서 하겠다"라는 말에 그의 편치 않은 마음이 엿보인다. 공자 자신은 옛날의 예를 따르는 게 좋으니 먼저 대청 아래서 절을 한 뒤에 대청에 올라가 절을 하겠다고 말한다.

공자는 경제적인 면에서는 굳이 고대의 예법을 고집하면서까지 쓸데없는 예식을 따르지 않겠다고 말한다. 모자의 경우 삼베로 만드는 것보다 명주로 만드는 게 더 검소하고 예에 영향도 많이 주지 않으므로 바꿀 수 있다. 하지만 대청 아래서 절을 하는 건 대청

위에 있는 인물에게 존경을 표시하는 행동이므로 편안함을 위해서 생략할 수는 없다는 것이 공자의 생각이다. 그래서 공자는 대중과 뜻이 다르더라도 자신은 예를 준수하겠다고 말한다.

현대 사회에서는 '절'을 하는 경우가 거의 없다. 국가의 정상을 만났을 때도 허리를 굽혀 악수하면 그만이니 예법이 갈수록 간소화되고 있다. 사실 이는 필연적인 일이다. 세계의 모든 문화, 민속, 예절의 변화는 기본적으로 물질적인 측면에서부터 시작된다. 물질적인 부분이 변하면 민간 풍속도 서서히 따라서 바뀌고, 민간 풍속이 바뀌면 제도도 서서히 따라서 바뀌게 되는 것이다.

공자의 행복한 사색   '시대가 변해도 변치 않는 예禮'

물질적인 측면에서 시작해 민간 풍속으로, 그리고 다시 제도로 변화하는 건 사회 변화의 법칙이다. 삼베에서 명주로 변화한 건 물질적인 변화이고, 과거 농업 사회에서 산업사회로 변화한 것 역시 물질적인 변화에 속한다. 제도적 변화가 물질적인 변화보다 뒤처질 수밖에 없는 이유는 변화가 민간에서부터 시작되기 때문이다.

사람들이 기존 예법을 중요시하지 않게 되면 예법은 복잡함에서 간소함으로, 사치스러움에서 검소함으로 변하게 되고, 결국 전체 사회의 제도에도 영향을 끼치는 것이다. 그리고 이로써 사회 제도와 규범도 간소하게 변하게 된다.

아마도 공자는 이런 변화의 흐름에 다소 뒤처졌을 수 있다. 그래서 그는 이 문장으로 예를 중요시하고 예를 따르는 것이 중요함을 강조하려 했던 것 같다.

자절사

子絶四

경영에 적용해 볼 수 있는 '공자가 하지 않은 네 가지'

공자는 네 가지를 절대 하지 않았다

함부로 추측하지 않았고, 독단적이지 않았으며, 고집하지 않았
고, 아집을 부리지 않았다.

子絶四 母意, 母必, 母固, 母我.

자절사 무의, 무필, 무고, 무아.

나는 리더십 강의에서 이 문장을 자주 인용한다. 공자는 개인과
조직에 심각한 피해를 줄 수 있는 네 가지 일을 하지 않으려 노력
했다.

첫 번째는 '무의母意'다. 무의는 함부로 추측하거나 단정 짓지 않
는 걸 말한다.

두 번째는 '무필毋必'이다. 무필은 독단적이지 않음을 말한다. 리더가 개인의 주관적인 의견을 전체 회사의 기준으로 삼는 건 꽹장히 위험한 일이다. 조직에서 모든 사람이 리더의 말에 따라 행동하고 리더의 요구가 틀렸음에도 아무런 이의 없이 실행하는 건 상당히 좋지 않은 자세다. 무엇보다 위험한 것은 독단을 '집행력이 있다거나 추진력이 있다'는 말로 포장하는 경우다. 리더 중에 "추진력 없이 팀을 이끄는 것보다는 실수하더라도 추진력을 갖는 게 낫다"라고 주장하는 경우가 있는데, 이는 팀 전체를 위험한 상황으로 몰고 갈 수 있다.

세 번째는 '무고毋固'다. 무고는 고집하지 않는 것이다. 만약 어떤 일에서 알게 된 새로운 정보가 자신의 관점과 완전히 상반되지만, 사실이라면 자신의 관점이 잘못되었다는 걸 인정하고 바꿔야 한다.

네 번째는 '무아毋我'다. 무아는 주관적이지 않음을 말한다. 아집에 갇혀 자신을 중심에 두고 생각하지 않는 것이다. 이처럼 공자는 추측, 독단, 고집, 아집을 절대 하지 않으려 했다.

추측하지 않고 독단적이지 않고 고집하지 않고 아집을 부리지 않는 태도를 지금의 생활에 대입해 보면 일련의 추리 과정이 떠오른다. '함부로 추측하지 않는다'에서 '추측'은 추리의 과정에 해당한다. 우리는 대부분 다른 사람의 섣부른 추측을 통해 오해를 받은 적이 있을 것이다. 우리 자신도 원하지 않은 상황에서 누군가에게 추측 당해 실제와 다른 결론이 났을 경우, 섭섭함과 억울함, 분노마저 느꼈을 것이다. 그렇다면 우리는 다른 사람의 행동을 추측하고 판단하는 행동을 하지 말아야 할까?

인간관계에는 많은 갈등이 존재한다. 친구 관계든 동료 관계든 혹은 상사와 부하 관계든 갈등이 생기면 사람들은 소통보다는 추측하거나 추리하는 걸 더 선호하는 경향을 보인다.

그렇다면 어째서 소통을 하지 않고 함부로 추측하거나 추리하려 하는 걸까? 소통을 부끄러워하기 때문이다. 사람들은 솔직하게 말하는 게 부끄러운 일이라고 생각해 소통 없이 상대의 속마음을 추측하려 한다. 하지만 추측으로 상대의 속마음을 알려고 하는 건 관계를 포기하는 행동이다.

이처럼 '추리의 과정'은 조직에 심각한 피해를 줄 수 있다. 그래서 공자는 2천 5백여 년 전에 함부로 추측해서는 안 된다고 말한 것이다.

두 번째, '독단적이지 않다'라는 건 무엇일까? 나는 회사 직원들에게 내가 회의에서 한 말을 아무 고려 없이 그대로 집행해서는 안 된다고 말한다. 예를 들어서 내가 혁신을 위해 다양한 새로운 아이디어를 제시한다고 해 보자. 그럼 그 아이디어 중에는 틀린 부분이 있을 수 있다. 그러니 모두가 현실에 적용할 수 있는지를 토론해 결정해야 한다.

반대로 경영자가 자신의 의견을 그대로 따르는 걸 중요시 한다면 어떻게 될까? 직원들에게 자기 생각을 강요할 테니 회사는 경영자의 말을 실현하기 위해서 모든 대가를 지불해야 할 것이다. 이것은 굉장히 위험한 상황이다.

한 심리학 강의에서 두 그룹에 결정이 필요한 복잡한 문제를 주고 테스트를 진행했다. A그룹은 같은 지역에 사는 사람들로 공통된 문화 배경과 가치관을 따르고 있어 사고방식이 거의 같다. 반면 B그룹은 구성원들이 모두 각기 다른 지역 출신으로 문화도 다르고 사고방식도 달라 논쟁이 끊이질 않는다. 언뜻 논쟁 없이 원활한 토론을 마친 A그룹의 결과가 더 좋을 것 같다. 하지만 테스트 결과 논쟁이 끊이질 않았던 B그룹의 결정이 과학적 수준이 월등히 높았다.

투자 클럽에서 발생한 현상도 이와 비슷한 결과를 보여준다. 지인, 친척, 친구로 조직된 투자 클럽과 모르는 사람끼리 조직된 투자 클럽을 비교해 보았다. 대량의 투자데이터를 분석한 끝에 친한 사람들끼리 조직한 투자 클럽의 성적이 더 나빴고, 투자 프로젝트의 성공률도 낮다는 결과가 나왔다. 원인은 모두가 서로를 잘 아는 관계라서 체면과 관계를 너무 신경 쓰기 때문이었다. 누군가가 정보를 제공하면 사람들은 너무 쉽게 그 정보를 믿었고 조사하려 하지 않았다. 이에 정보가 지나치게 단일화되면서 투자 실패의 확률이 높아지게 되는 것이다.

반면 잘 모르는 사람들끼리 조직된 투자 클럽은 누군가가 어느 회사에 투자 가치가 있다고 제안하면 사람들은 그 말을 쉽게 믿지 않았다. 개별적으로 조사를 진행해 데이터를 찾았고, 서로 정보를 교환하면서 토론을 진행했다. 그렇게 적극적인 소통, 토론을 통해서 최적의 결론을 얻어내는 것이다.

그래서 공자는 함부로 추측하지 않고, 독단적이지 않고, 고집하지 않고, 아집을 부리지 않도록 주의를 기울여야 한다고 말한다. 이처럼 함부로 추측하지 않고 독단적이지만 않으면 자신의 견해만 고집하거나 자기중심적으로 생각하지 않게 된다.

공자가 이 네 가지를 하지 않을 수 있었던 건 사실에 근거해 탐구하고 불확실성을 받아들였기 때문이다. 불확실성을 과감히 포용하고 받아들여야 비로소 삶의 발전 속도가 빨라질 수 있다.

만약 모든 일이 자신이 설정한 방향에 따라 진행되고, 목표가 이뤄져야 한다고 생각한다면 진정한 성장을 하기는 힘들다. 이런 경우 상상력이 부족해 '확실한 발전'만 이루려 하기 때문이다.

하지만 오히려 불확실성이야말로 성장을 위한 가장 강력한 동기부여가 된다. 만약 불확실성과 함께 춤을 출 수 없다면, 세계의 다양한 정보를 받아들이려 하지 않는다면, 다른 사람을 믿지 않고 자신의 생각만 고집한다면, 주위 사람들을 자신의 생각을 실현하기 위한 도구로 생각하게 된다. 이런 사람은 필연적으로 함부로 추측하고 독단적으로 행동하고 고집하며 아집을 부리게 되는 것이다.

공자의 행복한 사색) '불확실성과 함께 춤을!'

개방적인 마음으로 세상을 대하며 다른 사람을 믿고, 다른 사람의 결정을 존중할 줄 안다면 추측, 독단, 고집, 아집에서 벗어날 수 있다.
'공자가 하지 않은 네 가지'는 간단해 보이지만 실제로 실천하기는 쉽지 않은 태도이다.

◆◆◆

자외어광

子畏於匡

사명감은
사람을 강인하게 만든다

공자가 광에서 두려운 일을 당했을 때 말하길 "문왕은 이미 돌아가셨으나 문화는 여기 있지 않으냐? 하늘이 앞으로 이 문화를 없애려 한다면 뒤에 죽은 자는 이 문화를 얻지 못하였을 것이지만, 하늘이 이 문화를 없애지 않았으니 광 지역 사람이 나를 어찌할 수 있겠느냐?"

子畏於匡, 曰 "文王旣沒, 文不在玆乎? 天之將喪斯文也, 後死者不得與於斯文也; 天之未喪斯文也, 匡人其如予何?"

자외어광, 왈 "문왕기몰, 문부재자호? 천지장상사문야, 후사자부득여어사문야; 천지미상사문야, 광인기여여하?"

이번 문장은 공자가 위험한 일을 당했을 때를 다루고 있다.

"공자가 광에서 두려운 일을 당했을 때"라는 구절에서 '외畏'는

'포위한다'는 뜻의 '위圍'를 뜻한다. 역사 기록을 보면 당시 공자는 광 지역에서 포위되어 5일 동안 아무 곳에도 갈 수 없었다고 한다. 광 지역 사람들이 공자를 포위한 이유는 그가 '양호'라는 사람과 닮아서 오해했기 때문이었다.

양호는 계씨 집안 가신으로 추후에 반란을 일으킨 인물이다. 그는 공자와 얼굴 생김새가 비슷했을 뿐만 아니라 키가 크고 풍채도 좋아 체형도 비슷했다고 한다. 양호는 과거 광 지역 사람들을 괴롭히며 많은 악행을 저질렀다. 그래서 앙심을 품고 있던 광 지역 사람들이 그 지역을 지나던 공자를 보고 양호라고 착각해 포위했던 것이다.

공자가 생명에 위협을 당하자 제자들은 이제 어떻게 할 것인지 물었다. 그러자 공자는 주위를 안심시키기 위해 "문왕은 이미 돌아가셨으나 문화는 여기 있지 않으냐?"라고 말한다. 중국의 문화는 요임금, 순임금, 우임금, 탕왕, 문왕, 무왕, 주공까지 한 계통으로 이어져 내려왔으니 문왕의 문화가 자신에게까지 이어져 있다는 뜻이다. 공자는 "문왕의 문화가 여기 있지 않으냐? 만약 하늘이 이 문화를 없애려 했다면 내가 어찌 이 문화를 계승할 수 있었겠느냐? 하늘이 이 문화를 오늘날까지 이어지도록 했으니 광 지역 사람들이 나를 어찌할 수 있겠느냐?"라고 말하는 것이다.

공자는 문화의 혈통을 잇는 계승자로서의 신념을 가지고 있었다. 그래서 그는 자신은 중임을 맡은 사람이니 광 지역 사람들이 자신을 어쩌지는 못할 것이라고 생각했다. 만약 광 지역 사람들이 그를 죽인다면 황하 문화에 큰 불행일 테니 말이다. 또 그는 문화가 지금껏 사라지지 않고 이어져 내려온 점을 근거로 자신이 문화 계승자임이 틀림없다고 믿었다.

　예전 대덕을 지닌 고승 허운虛雲이 항일전쟁 시기에 길을 가다가 일본군을 만났다. 일본군이 총검을 빼고 위협하며 말했다. "출가한 사람도 죽는 게 두려운가?" 허운 대사는 총검을 바라보며 이렇게 말했다. "만약 내가 오늘 자네에게 죽을 운명이라면 두려워할 필요가 뭐가 있겠는가. 그리고 오늘 자네가 나를 죽이지 못할 운명이라면 또 두려워할 필요가 뭐가 있겠는가?" 그의 말에 잔학무도한 일본군도 총검을 거두고 허운 대사에게 인사를 하고 떠났다고 한다.

　"명을 모르면 군자가 될 수 없다"라는 공자의 말처럼 강인한 사명감이 있는 사람은 삶과 죽음 앞에서도 초연해질 수 있다.

　다시 문장으로 돌아가 보자. 공자는 자신은 문화를 계승할 사명을 짊어진 사람이니 절대 이곳에서 죽지 않을 것이라고 말한다. 이 점은 공자가 한평생 견지해온 신념이자 논리였다.

환퇴가 나무를 쓰러뜨려 공자를 죽이려 했을 때도 그는 "환퇴가 나를 어찌할 수 있겠느냐"라고 말하며 자신을 해칠 수 없다고 확신했다. 그렇다면 생사의 위협 앞에서도 공자가 침착할 수 있었던 이유는 뭘까? 이는 문화가 자신의 편에 있다고 생각했기 때문이다. 그렇기에 그는 "하늘이 정말 이 문화를 없애려 한다면 내가 문화를 계승하지도 못했을 것이다. 그러니 나는 오늘 죽지 않을 것이고 이 문화를 계승해 나갈 것이다"라고 말할 수 있었다.

그리고 공자의 이 말은 주위 사람들에게도 상당한 믿음을 주었을 것이다.

공자의 행복한 사색 **'죽음 앞에 초연할 수 있는 사명'**

위험이나 재난을 겪을 때 이겨내는 가장 좋은 방법은 자신의 사명이 무엇이고, 아직 이루지 못한 사명이 무엇인지를 떠올려 보는 것이다. 그 순간에는 어떠한 장애 앞에서도 버틸 힘을 지닐 수 있다. 그래서 의사들은 아무리 죽음을 목도에 둔 환자라 할지라도 살고자 하는 의지를 갖는 것이 무척 중요하다고 말한다. 삶이 즐겁지 않아 차라리 죽는 게 낫겠다고 생각하는 이에게는 백약을 써도 좋은 효과를 얻지 못한다.

나는 논어를 만나 행복해졌다

오소야천, 고다능비사

吾少也賤, 故多能鄙事

꾸밈없고 솔직함으로 무장한 시대의 현인, 공자

태재가 자공에게 묻기를 "부자께서는 성인인가? 어찌하여 그리 능한 것이 많을 수 있는가?"

자공이 말하길 "본래 하늘이 내보낸 성인이시니 능한 것도 많은 것입니다."

공자가 이 말을 듣고 말하길 "태재가 나를 아느냐? 나는 어렸을 때 천하게 살아서 비천한 일 중에 잘하는 게 많다. 군자가 능할 수 있는 일이 많겠느냐? 많지 않다!"

大宰問於子貢曰 "夫子聖者與? 何其多能也?"

子貢曰 "固天縱之將聖, 又多能也."

子聞之, 曰 "大宰知我乎? 吾少也賤, 故多能鄙事. 君子多乎哉? 不多也!"

태재문어자공왈 "부자성자여? 하기다능야?"

자공왈 "고천종지장성, 우다능야."

자문지, 왈 "태재지아호? 오소야천, 고다능비사. 군자다호재?

부다야!"

중국의 문학자이자 사상가인 루쉰의 한 소설에서 쿵이지孔乙己가
입버릇처럼 말했던 "많은가? 많지 않다"라는 말은 이 문장에서 유
래했다. 사실 나는 이전에 이 문장을 잘 이해하지 못했다. 그러던
중 이 문장을 앞의 내용과 결합해 보았고 비로소 뜻을 깨달을 수
있었다.

태재太宰의 경우 위나라 사람이라거나 정나라 사람이라는 주장
도 있는데, 대체로 노나라 사람으로 판단하고 있다.

어느 날 태재가 자공에게 "공자는 분명 성인이시지 않는가?"라
고 물었다. 고대 사람들은 자신이 이해할 수 없는 사람이나 물건
이나 사건을 신격화해서 신이라거나 성인이라고 평가하는 경우가
많았다. 신이나 성인으로 치부하면 이해할 수 없는 현상을 납득할
수 있는데 이것은 인류가 예전부터 이해할 수 없는 일을 이해하기
위해 사용한 방법이다.

예를 들어서 하늘에서 내리친 번개 때문에 나무가 불타는 원인
을 모른다면 인지부조화가 생겨 의혹과 고통에 빠지게 된다. 이때
하늘에 있는 번개의 신이 한 짓이라고 생각하면 납득이 가능하다.
전해져 내려오는 신화나 전설은 이처럼 이해할 수 없는 현상을 받

아들이기 위해서 만들어진 것이다.

이어서 태재는 이렇게 말한다. "공자는 어째서 모든 일을 잘하는 건가? 공자가 노나라, 제나라에 있을 때나 여러 나라를 돌아다닐 때도 사람들은 이해할 수 없는 일이 생기면 그를 찾아가서 물었네. '사람들이 보시기에 어떻습니까?', '이 일은 왜 이렇게 되는 겁니까?' 하고 물으면 공자는 단번에 보고 대답을 해 주었네. 공자는 정말 아는 게 많지 않은가."

그러자 자공은 아마도 하늘이 성인으로 만들려 생각한 사람이기에 할 수 있는 일도 많고, 아는 것도 많은 것 아니겠냐고 대답한다.

우리는 자공이 태재에게 한 대답을 통해서 공자가 자공보다 안회를 더 높이 평가한 이유를 알 수 있다. 자공은 세속에 초탈하지 못했기에 스승인 공자가 성인으로 불리기를 원했다. 자공은 공자가 죽은 뒤 그가 성인으로 불릴 수 있도록 많은 공을 쏟았고, 평생 공자의 사상을 알리는 데 힘썼다.

그렇다면 과연 공자는 자신이 성인으로 불리기를 원했을까? 그렇지 않았을 것이라 생각한다. 공자는 자신을 과시하는 걸 좋아하지 않았다. 하지만 자공은 공자의 경지에 이르지 못한 평범한 사람이었기에 스승을 '성인'이라고 말했다.

당시 마을은 규모가 크지 않아서 무슨 말이든 삽시간에 소문이 났다. 그래서 자공과 태재의 대화를 전해 듣게 된 공자는 "태재가 나를 아느냐?"라고 묻는다. 고서에 문장 부호가 없는 탓에 이 문장 뒤에 느낌표를 붙이는 사람도 있고 물음표를 붙이는 사람도 있는데, 나는 물음표가 더 일리가 있다고 생각한다. '태재가 나를 아느냐'라는 문장에 느낌표를 붙이게 되면 마침내 나를 알아주는 사람을 만났다며 감탄하는 게 된다. 공자가 태재의 말에 동의하며 "태재가 나를 아는구나. 나는 성인이다!"라는 뜻이 되는 것이다. 이건 합리적이지 않은 해석이다.

반면 물음표를 붙이면 "태재가 나를 어떻게 알겠느냐? 그는 내가 어렸을 때 비천해서 할 수 있는 일이 많게 되었다는 걸 모르지 않느냐"라고 해석할 수 있다.

공자의 어린 시절을 보자. 공자는 태어난 지 얼마 되지 않아 아버지를 여의고 형은 장애가 있는 탓에 어렸을 때부터 홀어머니와 함께 의지하며 살아야 했다. 몰락한 귀족 가문에서 태어나 가난과 싸우며 자라야 했으니 공자의 어린 시절은 무척이나 피로했을 것이다. 그는 마을 사람 장부를 기록해 주거나 회계 일을 하고, 제사 일을 관장해 주거나 다른 집 성묘 도와주는 일을 했다. 또 가축을 돌보거나 수레 모는 일을 하기도 했다. 이처럼 어린 시절부터 여러 일을 전전했기에 할 수 있는 일도 많아지게 되었던 것이다. 공자는 자신이 어렸을 때 가난해서 여러 일을 할 수밖에 없었다고 말한다.

이어서 그는 "군자가 능한 일이 많겠느냐? 많지 않다"라고 말한다. '귀족 출신인 군자가 할 줄 아는 일이 많겠느냐? 그렇지 않다'라는 뜻이다. 생활이 궁핍하지 않아 다양한 일을 하며 생계를 꾸려갈 필요가 없다면 여러 일을 잘할 수도 없다는 것이다.

이 문장은 공자가 자신을 어떻게 생각하고 있는지를 분명하게 보여준다. 그는 자신이 성인이라고 생각하지 않았다. 그리고 모두에게 솔직하게 자신이 어린 시절 너무 가난해서 여러 일을 할 수 있게 된 것이라 말한다. 하지만 평범한 사람 중에는 공자의 말을 받아들이려 하지 않는 사람이 많다. 자신보다 뛰어난 사람이 '평범한 사람'이 되면 그보다 못한 자신은 '평범한 사람보다도 못한 사람'이 되기 때문이다. 그래서 자신보다 뛰어난 사람을 성인으로 칭하거나 천부적인 재능을 갖춘 사람이라거나 하늘이 내린 사명을 짊어진 사람이라고 치부하려 한다.

하지만 공자는 자신이 성인으로 불리는 걸 원치 않았다. 자신은 비천하게 태어나 갖은 고생을 하며 노력한 끝에 지금의 것들을 익힐 수 있었기 때문이다. 그러니 자공이 자신을 '본래 하늘이 내보낸 성인'이라고 말했다는 걸 알았을 때 서글픈 마음이 들었을 것이다.

신격화하는 건 절대 공자가 바라는 일이 아니었다. 만일 공자에게 부유한 제자가 있지 않았다면, 그는 모두에게 잊혔을지도 모른다. 부유하고 세력을 가진 자공은 계속해서 공자의 사상을 널리 알렸고, 공자를 성인으로 칭했기에 성인으로 후대의 사람들에게까지 존경을 받을 수 있었다. 설혹 공자가 원하지 않았을지라도 말이다.

나는 이 문장에서 공자가 자신을 설명하는 말을 보면 정말 사랑스러운 노인이라는 생각이 든다. 『논어』를 읽고 이해할수록 공자가 허세를 부리거나 자신을 성인으로 꾸미는 사람이 아니었다는 걸 발견할 수 있다. 그는 정말로 꾸밈없이 솔직한 노인이었다.

◆◆◆

오불시, 고예

吾不試, 故藝

인생의 불확실성을 포용해야
더 큰 확신을 얻을 수 있다

뢰가 말하길 "공자께서 말하길, '나는 등용되지 않았기 때문에
재주가 있는 것이다.'"

牢曰 "子云, '吾不試, 故藝.'"

뢰왈 "자운, '오불시, 고예.'"

이 문장은 앞의 문장과 하나로 연결해도 의미가 통한다. 공자가
"나는 어렸을 때 천하게 살아서"라고 탄식할 때 금뢰^{琴牢}가 옆에서
"스승님께서는 '나는 등용되지 않았기 때문에 재주가 있는 것이
다'라고 말씀하셨습니다"라고 덧붙여 설명했다고 볼 수 있다. 공
자는 과거에 등용되어 고위직 관리가 되지는 못했지만, 이후 스승
이 되었으니 이는 인생의 불확실성으로 얻은 이득이다.

다른 사람이 부사장이 되었을 때 자신이 사장이 되거나 다른 사람이 부감독이 되었을 때 자신이 총감독이 되면 사람들은 자신이 성공했다고 생각한다. 하지만 실제로는 별다른 격차 없이 같은 길 위에 서 있는 것일 뿐이다.

공자는 불확실성을 받아들였다. 그는 관직에 나가지 못했지만 오히려 그 덕분에 능력을 기르는 데 시간과 정력을 쏟을 수 있었다. 만일 등용되어 관리가 되었다면 전력을 다해 그곳의 법칙에 따라 대응해야 했을 테니 새로운 문화를 만들고, 글을 쓰고 싶어도 그럴 시간이 없었을 것이다. 아마 다양한 회의를 진행하고 핵심을 파악해 지시하기에도 시간이 부족했을 것이다. 물론 관리가 되면 백성을 위해 일할 수 있으니 그 자체만으로도 큰 의미가 있다. 하지만 나랏일을 하게 되면 많은 기회비용을 소모해야 한다. 비록 관리가 되지 않아도 관성적인 생각을 타파하면 인생에서 생각지 못했던 이득을 얻을 수 있다.

어떤 사람이 '나는 초등학교, 중학교, 고등학교까지 모든 학업 과정이 순조로웠어. 그러니 내 자식도 순조롭게 공부해서 명문대에 진학해야 해.'라고 생각한다면 어떻게 될까? 과연 이것이 인생에서 할 수 있는 유일한 선택일까? 가장 전형적인 반대 사례로는 레오나르도 다빈치를 들 수 있다. 사생아였던 그는 귀족학교에 갈

자격이 없었다. 하지만 귀족의 종교교육을 받지 않은 덕분에 그는 더 넓은 사고의 폭을 가질 수 있었다. 만일 그가 귀족학교에 들어가 성실히 공부했다면 아마 부귀영화를 누리는 귀족 레오나르도 다빈치는 될 수 있었을 것이다. 하지만 「모나리자」를 그린 레오나르도 다빈치, 발명가 레오나르도 다 빈치, 의사 레오나르도 다빈치, 철학가 레오나르도 다빈치가 되지는 못했을 것이다.

공자의 행복한 사색 '불확실한 결말의 즐거움'

인생의 불확실성에 정확하게 대처하고 관성을 타파해야 독특하고 생동감 넘치는 사람으로 성장할 기회를 가질 수 있다. 그러니 이 책을 읽는 부모들이 이 문장을 계기로 초조함을 줄였으면 좋겠다. 아이가 학업에서 뒤처지거나 원하는 명문 학교에 진학하지 못해도 걱정할 필요는 없다. 학습 능력이 강했던 공자도 당시 공무원 시험에서 떨어졌으니 말이다.

봉조부지, 하불출도

鳳鳥不至, 河不出圖

인생의 끝을 앞둔
무기력함

공자가 말하길 "봉황새가 오지 않고, 황하의 하도도 나오지 않
으니 나는 끝났구나!"
子曰 "鳳鳥不至, 河不出圖, 吾已矣夫!"
자왈 "봉조부지, 하불출도, 오이의부!"

공자가 탄식하며 한 이 말은 "내가 꿈에서 주공을 보지 못한 지
가 오래되었다"라고 말했을 때와 거의 비슷한 시기에 한 말이다.
"내가 꿈에서 주공을 보지 못한 지가 오래되었다"라는 말은 내가
이제 죽을 때가 되어서 더는 꿈에 주공이 나오지 않는다는 의미로
공자가 말년에 노쇠해짐을 한탄한 것이다.

문장을 살펴보면 봉황이 나온다. 고대에는 봉황새를 상서로운

동물로 여겼다. 봉황새는 오동나무에만 집을 짓고, 오동나무 열매만 먹는 습성을 가지고 있다고 한다. "아무리 골라봐도 차가운 가지에는 서식하고 싶지 않고 적막한 모래톱은 춥기만 하다揀盡寒枝不肯棲, 寂寞沙洲冷"라는 시는 다른 가지에 앉고 싶어 하지 않는 봉황새는 오동나무가 없으면 오지 않는다는 걸 설명하고 있다.

이 문장에서 봉황새는 공자가 추구하는 바를 상징한다. 공자는 자신이 봉황새와 같은 지조와 인품을 갖추고 탐구하는 사람이 되기를 바랐다. "봉황새가 오지 않는다"라는 건 지금까지도 자신은 원하는 대로 품격 있는 인성을 갖추지 못했음을 의미한다.

"황하의 하도가 나오지 않으니"라는 구절은 황하 안에 하도가 나오지 않았다는 뜻이다. 리링 교수는 여기서 말하는 하도는 주역에서 말하는 하도낙서河圖洛書를 뜻하는 것이 아니라고 했다. 하도가 무엇을 말하는지는 고증하기가 쉽지 않지만, 대략 봉황과 하도가 상서로움을 상징한다고 이해해 볼 수 있다. 상서롭다는 건 고대에 아주 중요한 일이었다. 그래서 고대 제왕, 지식인들은 상서로운 일에 비상한 관심을 가졌다. 공자도 말년에 상서로운 징조인 봉황새가 오지 않고, 황하의 하도도 나오지 않은 채 인생이 끝났다고 탄식하고 있는 것이다.

공자가 이렇게 실의에 빠진 것은 연로했기 때문으로 보인다. 공자는 평생 교육을 위해 노력해 왔다. 하지만 말년이 되면서 하고 싶은 일이 있어도 힘이 따라주지 않는다는 것을 알게 되었다.

"꿈에 주공이 더는 나오지 않는다"라는 말도 정력이 부족하다는 표현이다. 에너지가 왕성할 때는 평소의 생각이 꿈에 나올 수 있다. 공자가 낮에 여러 문제를 고민하며 주공을 떠올렸다면 꿈속에서 주공을 만나볼 수 있었을 것이다. 공자는 바로 이 점을 아쉬워하며 자신의 노쇠한 신체를 안타까워했던 것이다.

◆◆◆

수소필작, 과지필추

雖少必作, 過之必趨

예와 교양은 자신을 보호하는
최적의 방법이다

공자는 자최를 입은 사람, 면류관을 쓰고 의상을 입은 사람과
장님을 보거나 이들을 만날 때는 비록 나이가 적더라도 반드시
일어났고, 지날 때는 종종걸음으로 걸었다.
子見齊衰者, 冕衣裳者與瞽者, 見之, 雖少必作, 過之必趨.
자견자최자, 면의상자여고자, 견지, 수소필작, 과지필추.

"자최를 입은 사람"이라는 건 삼베로 만든 상복을 입은 사람을
뜻한다. 과거에는 가족이 세상을 떠나 장례를 치를 때 삼베로 만
든 상복을 입었다. "면류관을 쓰고 의상을 입은 사람"에서 '면류
관'은 공식적인 모자를 말한다. 그러니 면류관을 쓰고 의상을 단
정하게 입은 사람이라는 건 관복, 예복을 입은 사람을 말한다.

"장님"은 우리도 알다시피 시각장애인을 말하는데 중국 고대에 '장님 맹盲'과 '맹인 고瞽'는 서로 다른 상태를 뜻했다. '장님 맹盲'은 보지는 못하지만 눈을 뜰 수 있는 걸 말하고, '맹인 고瞽'는 눈을 감고 있는 걸 말한다. 순임금의 아버지 고수瞽叟는 눈을 감은 시각장애인이었다.

문장을 보자. 공자는 위의 세 가지 경우의 사람을 보면 나이가 어리더라도 자리에서 일어났다. "나이가 적더라도 반드시 일어났다"라는 구절에서 '필작必作'에는 두 가지 해석이 있다. 하나는 일어나 섰다고 해석하는 것이고, 다른 하나는 엉덩이를 들어서 무릎을 꿇은 자세로 상체를 세웠다는 것으로 해석하는 것이다. 중국 송나라 시대 이전에는 모두 바닥에서 좌식 생활을 했다. 당시에 앉는 자세는 무릎을 꿇는 자세였는데, 이때 누군가가 오는 걸 보고 엉덩이를 들어 상체를 펴는 건 존중을 의미했다.

"지날 때는 종종걸음으로 걸었다"라는 건 공자가 그들의 옆을 지날 때 속도를 최대한 빨리해서 상대방 앞에서 재빨리 모습을 감췄다는 것이다. 왜 이렇게 했을까? "자최를 입은 사람"은 슬픔을 당했다는 의미이고, "면류관을 쓰고 의상을 입은 사람"은 공식적인 나랏일을 하고 있는 상황을 의미하며 "장님"은 힘겨운 일을 당한 사람이다. 그래서 공자는 이들 앞에서 예의를 갖춰 단정하게

나는 논어를 만나 행복해졌다

행동해 상대방에게 존경과 선의와 공감하는 마음을 보여주려 했던 것이다. 이것은 '휴머니즘의 표현'이라고 할 수 있다.

아마 앞을 보지 못하는 시각장애인에게까지 그렇게 행동해야 하는지 의문을 제기하는 사람도 있을 것이다. 사회에서 사람과 사람의 관계를 상호작용으로 생각하는 경우가 많다. 상대방이 예의 있게 행동하면 나도 예의 있게 대하고, 상대방이 예의 없이 행동하면 나도 예의 없이 대하며 자신을 존중해 주는 사람에게만 예를 갖춰야 한다고 생각한다. 하지만 사실 교양은 자신을 위한 것이고, 다른 사람을 존중해서 이득을 얻는 사람도 자신이다. 다른 사람을 존중하는 것은 자기 내면의 수요를 만족시키는 것이다.

상대방이 장애를 가진 사람이든, 나이가 어리든 상관없이 우리는 자신이 마땅히 해야 할 일을 잘 처리하고, 마땅히 보여야 할 예절과 존중의 태도를 보여야 한다. 교양은 겉으로 드러내기 위한 것이 아니라 자신의 내면을 위한 것이다.

사람에 대한 예와 도리, 그리고 인생의 가치를 높일 일부로 삼고 습관처럼 새긴다면 자존감은 갈수록 높아지고 내면의 행복감도 충만해질 수 있다.

심리학에서는 이미 실험을 통해 선행을 한 사람이 악행을 저지른 사람보다 심리적으로 더 편안하다는 것을 증명했다. 연구자들은 지원자를 두 그룹으로 나누어 아침에 대중교통을 이용할 때 한 그룹에는 자리를 양보하지 말라고 주문했고, 다른 그룹에는 자리를 양보하라고 주문했다. 이후 두 그룹을 테스트해 본 결과, 자리를 양보한 그룹의 심리 상태와 신체 상태가 더 양호했으며 즐거움과 행복감을 더 강하게 느꼈다. 반면 자리를 양보하지 않은 그룹은 더 피곤해하고 힘들어했다. 자리를 양보하지 않은 그룹의 경우, 자신의 앞에 연장자가 서 있으면 앉아 있어도 마음이 불편하고 다른 사람들이 자신을 보고 있다는 느낌이 들어 피곤함을 느꼈다. 자리에 앉아 있었음에도 서 있는 사람보다 피곤해지는 건 심리적 소모가 있었기 때문이다.

공자의 행복한 사색   '나를 위한 예의와 교양'

다른 사람을 존중하고 예의 있게 대하는 건 도덕적 측면에서뿐만 아니라, 심리적 측면에서도 가치가 있다. 단순히 고리타분한 주장이라고만 볼 수 없는 것이다. 예의와 교양은 우리가 자신을 보호하는 최적의 방법이기 때문이다.

나는 논어를 만나 행복해졌다

◆◆◆

기갈오재, 여유소립

既竭吾才, 如有所立

한 사람의 인생은
임곗값을 돌파하는 과정이다

안연이 탄식하며 말하길 "우러러볼수록 더욱 높아지고 뚫을수록 더욱 견고해진다. 바라보면 앞에 있더니 어느새 뒤에 가 있다. 부자께서는 차근차근 사람을 잘 이끌어 문으로써 나를 넓혀주시고 예로써 나를 단속해 주시니 그만두고 싶어도 그럴 수가 없구나. 나의 재주를 다하여도 앞에 우뚝 서 있는 것 같으니 따르려 해도 따라갈 방법이 없구나!"

顔淵喟然歎曰 "仰之彌高, 鑽之彌堅. 瞻之在前, 忽焉在後. 夫子循循然善誘人, 博我以文, 約我以禮, 欲罷不能. 既竭吾才, 如有所立卓爾, 雖欲從之, 末由也已!"

안연위연탄왈 "앙지미고, 찬지미견. 첨지재전, 홀언재후. 부자순순연선유인, 박아이문, 약아이례, 욕파불능. 기갈오재, 여유소립탁이, 수욕종지, 말유야이!"

이 문장에서 안연은 안회를 뜻하며 그는 스승인 공자를 높이 평가하고 있다. 그러니 만일 스승에게 감사함을 표시할 상황이 생긴다면 이 문장을 인용하는 것도 좋은 방법이다.

안회는 『논어』에 자주 출현하지만 그가 직접 한 말은 많지 않다. 이번 문장은 그런 면에서 희귀한 문장이며 이를 통해 공자에 대한 존경의 뜻을 담고 있다.

"우러러볼수록 더욱 높아지고"라는 구절은 공자의 경지가 얼마나 높은지를 말하는 것이고, "뚫을수록 더욱 견고해진다"라는 구절은 공자의 깊이가 얼마나 깊은지를 말하는 것이다. 여기서 안회가 "스승님의 학문의 경지가 정말 넓고 심오하다"라고 말하며 탄복한 건 무예가가 동사서독東邪西毒이나 남제북개南帝北丐를 만났을 때의 감정과 같다고 할 수 있다.

"바라보면 앞에 있더니 어느새 뒤에 가 있다"라는 구절은 앞에 있는 것 같았는데, 어느새 바라보면 자신의 뒤에 있다는 것으로 스승이 어디에나 존재한다는 뜻이다.

이 네 구절을 하나로 합쳐보면 공자의 학문이 측정할 수 없을 정도로 깊고 높다는 걸 설명한 문장이 된다.

이어서 안회는 "부자께서는 차근차근 사람을 잘 이끌어"라고 말한다. 여기서 '차근차근'이라는 건 공자가 다른 스승들처럼 절대

적인 답을 제시해 외우게 하는 주입식 교육을 하지 않았다는 의미다. 만약 스승이 제자의 시험 점수를 높여주는 데만 집중한다면 이는 시험을 잘 보는 기계를 육성하는 것일 뿐이지 '차근차근 이끈다'고 할 수는 없다.

'사람을 이끌어 준다'라는 건 제자가 학문에 흥미를 느껴 배움 자체를 좋아하게 만드는 것을 말한다. 그러니 '차근차근 사람을 잘 이끌어'라는 말은 시험 중심의 교육 방식과는 다른 점을 설명한 것이다. 공자는 충분한 인내심을 가지고 제자들을 일깨워주고 싶어 했다. 그는 항상 번민하지 않으면 일깨워주지 않고, 애써 표현하려 하지 않으면 말해 주지 않으며 질문을 통해서 제자가 스스로 생각하도록 이끌었다.

"문으로써 나를 넓혀주시고"라는 건 자신이 더 넓은 지식을 얻을 수 있도록 스승이 도와준다는 의미이고, "예로써 나를 단속해 주시니"라는 건 자신이 더 좋은 사람이 되도록 스승이 가르쳐준다는 의미다. 공자는 지식뿐만 아니라 사람이 되는 방법도 가르쳐 주었다.

"그만두고 싶어도 그럴 수가 없구나"라는 구절은 스승과 함께 배우는 게 너무 좋아서 그만두고 싶어도 그만둘 수가 없다는 것이다. 진심으로 열정을 가지고 학문과 예를 즐겁게 배우는 상태이다.

"나의 재주를 다하여도 앞에 우뚝 서 있는 것 같으니 따르려 해도 따라갈 방법이 없구나!"라는 건 이미 전력을 다해 배우고 있음에도 여전히 스승이 높은 산처럼 앞에 우뚝 서 있어 스승과 같아지고 싶어도 스승의 학식이 너무 넓어서 어느 방향으로 가야 할지 모르겠다는 것이다.

이 문장은 안회가 어느 중요한 장소에서 공자에 대한 감사한 마음과 탄복한 심정을 표현한 것일 수 있다.

그렇다면 공자와 제자의 격차가 정말 이렇게나 컸을까? 그랬을 수 있다.

사람의 두뇌는 선형 구조가 아니다. 만약 우리의 두뇌가 선형 구조라면 70세까지 산 사람과 50세까지 산 사람이 얻은 지식함량 비율은 7:5가 되어야 하지 않을까? 하지만 실제로는 그렇지 않다. 사람의 두뇌는 지수형 성장을 한다.

사람의 두뇌는 신경원으로 연결되어 있다. 사람마다 대뇌 신경의 수량은 거의 차이가 없지만, 대뇌 신경의 연결이 지수적 구조의 양상을 띠기 때문에 공자처럼 어려서부터 배움을 좋아하고 '비천한 일 중에 잘하는 게 많은' 사람은 대뇌 신경의 연결이 더 많을 수 있다. 게다가 공자는 열정적으로 다른 사람에게 지식을 가르쳐주었다. 지식을 익히는 가장 효과적인 방법은 바로 지식을 전수해 주는 것이다. 이 과정에서 공자의 대뇌 신경은 아주 긍정적인 자극을 받아 지수형 성장을 할 수 있었을 것이다.

이런 상황에서 공자의 제자들은 스승과 자신의 나이 차이가 5년, 10년밖에 나지 않는데도 학문의 경지는 상상할 수 없고 비교할 수 없는 차이가 난다는 걸 발견했을 수 있다. 즉, 안회의 말은 지나친 칭송이 아니라 실제로 느낀 감상을 이야기한 것이다.

배움의 과정은 항상 직선으로 상승하지 않는다. 오히려 임곗값을 돌파하면서 성장한다. 임곗값 돌파란 무엇일까?

중국의 리산여우李善友 교수의 『제2곡선 혁신第二曲線創新』에서는 이렇게 설명하고 있다. 일반 대기압에서 물을 끓인다면 온도계가 없어도 섭씨 99도에서는 물이 끓지 않는다는 걸 알고 있다. 섭씨 99도에서는 어떤 변화도 보이지 않기 때문이다. 하지만 섭씨 100도에 이르면 보글거리며 거품이 생겨난다. 섭씨 99도에서 섭씨 100도에 이르는 과정을 바로 '임곗값 돌파'라고 한다.

슬럼프와 같이 견디기 힘든 상황을 겪으면 자신이 제대로 배우고 있는 건지 확신이 서지 않고 '배우는 게 무슨 가치가 있나?' 하는 생각이 든다. 동시에 '다른 사람은 왜 쉽게 배우는 거지? 다른 사람은 어떻게 저렇게 많은 성과를 거두고 논문을 쓸 수 있는 거지? 왜 나는 저렇게 되지 않은 걸까?'라는 의문이 생기게 된다. 이

251

제9편 자한子罕 편 | 혼돈의 시대를 헤쳐가는 공자의 지혜

런 상황에 부딪히는 이유는 줄곧 평지만 걸어와서 지수형 성장 과정에 진입하지 못했기 때문이다. 만약 이때 포기한다면 임곗값을 돌파하지 못하게 되고 계속 평지에만 머무르게 된다. 난관에 직접 부딪혀야만 임곗값을 돌파하고 S형 곡선을 그리며 위로 상승할 수 있다.

한 사람의 인생은 임곗값을 돌파하는 과정이다. 안회, 자공, 자로가 오랜 시간 배웠음에도 공자와의 격차를 좁히지 못했던 이유는 무엇일까? 이들은 임곗값의 근사치에만 머물렀고 공자는 이미 임곗값을 돌파했기 때문이다.

공자의 사상과 학문의 경지가 헤아릴 수 없을 만큼 깊고 넓었다는 건 지나친 칭찬이 아니다. 이 점은 『논어』를 읽으면 알 수 있는 부분이다. 안회의 말은 우리가 무엇을 배우든 인내심을 가져야 한다는 점을 알려준다. 심지어 안회마저도 입신의 경지에 가기까지 배우는 것이 어렵다고 토로했으니 우리도 조급해서는 안 된다.

공자의 행복한 사색   '임곗값을 위한 인내의 시간'

우리 모두 인내심을 가지고 배움에 전념할 수 있으면 좋겠다.

지금 『논어』를 읽는 과정에서도 인내심을 가져야 한다. 우리는 어쩌면 임곗값을 돌파하지 못할 수도 있다. 하지만 평생 학습의 마음가짐을 가지고 즐겁게 배울 수 있다면 상관없다. 배움의 매력은 어느 날 지금껏 배운 것들이 풍부한 깨달음과 혜택을 가져다줄 것이라는 걸 믿는 데 있기 때문이다.

제9편 자한子罕 편 | 혼돈의 시대를 헤쳐가는 공자의 지혜

◆ ◆ ◆

자질병

子疾病

죽음을 앞둔
스승의 소소한 바람

공자의 병이 심해지자 자로가 문인을 가신으로 삼았다.

병이 나아지자 공자가 말하길 "오래되었구나. 유가 거짓을 행한 것이! 가신이 없는데 가신을 두었다. 내가 누구를 속이겠느냐? 하늘을 속이겠느냐? 또 내가 가신의 손에 죽는 것보다는 자네들 손에 죽는 게 낫지 않겠느냐? 내가 큰 장례를 얻지는 못한다고 해도 길거리에서 죽기야 하겠느냐?"

子疾病, 子路使門人爲臣.

病間, 曰 "久矣哉, 由之行詐也! 無臣而爲有臣. 吾誰欺? 欺天乎? 且予與其死於臣之手也, 無寧死於二三子之手乎? 且予縱不得大葬, 予死於道路乎?"

자질병, 자로사문인위신.

병간, 왈 "구의재, 유지행사야! 무신이위유신. 오수기? 기천호? 차여여기사어신지수야, 무녕사어이삼자지수호? 차여종부득대장, 여사어도로호?"

254

이 문장에서 공자는 무척이나 화가 나 있다. 공자가 심각한 병에 걸렸다. 여기서 '질병疾病'의 '질'은 형용사로 심각한 병이란 뜻이다. 자로는 이미 공자가 얼마 지나지 않아 세상을 떠날 것을 대비해 준비까지 해두었다. 그리고 문인을 조직해 '가신'으로 삼았다. '가신'은 장례를 전문적으로 담당하는 직분을 말한다. 이후에 병세가 나아진 공자는 자로가 한 일을 알고는 격분해 말했다.

"자로는 항상 다른 사람을 속이고 사실을 날조하려 하는구나! 가신이 없는데 가신을 두는 것은 분수에 맞지 않는 행동이다. 제후가 아닌 내가 어찌 이런 대우를 받을 수 있단 말이냐? 나는 분명 평범한 사람이거늘 제후처럼 사람을 고용해 가신으로 삼고 스스로 똑똑한 척하며 허세를 부리는구나. 내가 누구를 속이게 하려는 것이냐? 내가 하늘을 속이게 하려는 것이냐?"

공자는 모든 걸 다 지켜보는 하늘을 속일 수는 없으니 허장성세해서는 안 된다고 보았다.

공자의 마지막 몇 마디 말을 꼼꼼히 음미해 보면 자로가 단순히 분수에 어긋나는 행동을 해서 화가 난 게 아니라는 걸 알 수 있다. 그는 자신과 가장 가까운 제자들이 직접 나서지 않고 다른 사람을 고용해 장례를 가신에게 맡기려 했다는 사실에 화를 내고 있는 것이다.

공자는 자신이 죽은 뒤의 일을 가장 가까운 제자들이 해 주길 바랐고, 그래야 가치 있는 죽음이라고 생각했다. 그는 "내가 비록 제후들처럼 가신의 도움을 받아 훌륭하고 성대한 장례를 치르지는 못하더라도 제자들이 설마 내가 죽은 뒤 시신을 길바닥에 버리겠느냐?"라고 말한다.

공자의 아들 백어는 일찍 목숨을 여의었다. 안회보다 1년 일찍 세상을 떠났으니 공자는 말년에 제자들의 보살핌을 받으며 살았을 것이다. 그래서 그와 제자들의 감정은 무척이나 뜻깊었다. 그는 자신은 제후가 아니니 제후인 것처럼 허례허식을 해서는 안 된다고 보았다. 그가 진정으로 중요시 생각한 것은 스승과 제자 사이의 감정이었다. 그래서 성대한 장례를 치른다는 이유로 제자들이 직접 나서지 않고 외부 사람을 고용해 '가신'으로 삼았다는 사실에 가장 실망한 것이다.

공자가 관료의 신분이 아닌 스승의 신분으로 마지막을 보내고 싶어 한 것을 보면 그가 자신의 인생을 어떻게 정의했는지를 알 수 있다.

자로는 약간 우둔하고 경솔한 면이 있었다. 그래서 그는 일반적으로 통용되는 관습에 따라서 일을 계획했다. 단순히 스승의 명성을 고려해 장례 규모를 성대하게 해야 한다고 생각한 것이다. 하지만 진정으로 제자를 사랑하고 교육을 중시한 공자는 성대한 대우를 바라지 않았다. 더구나 자로의 행동은 공자의 아픈 점을 자극했을 수 있다. 자로는 관직을 중시해 자신의 스승이 사회적 지위를 가지길 바랐으며, 그 지위를 얻지 못했음에도 얻은 것처럼 장례 규모를 키우려 했다. 공자가 실망한 것은 바로 이런 점이었다.

사실 공자가 크게 화를 내는 장면은 그리 많지 않다. 평소 공자는 침착하고 온화하며, 심지어 가끔 제자에게 비판을 당해도 차근차근 이끌어주었다.

심리학에서는 분노가 무기력감을 의미한다고 말한다. 사람은 어떤 일에서 통제력을 잃으면 화를 내고, 완벽하게 통제하면 차분해진다. 사람이 싸우는 것도 같은 원리다. 다른 사람과 토론하면서 탁자를 치며 일어나거나 얼굴이 벌겋게 달아오르는 건 속으로 상대방의 말이 일리가 있다는 걸 알고 있기 때문이다. 그래서 말로는 상대방을 제압할 수 없기에 화를 내서 자기 입장을 지키려 한다. 반대로 자기 입장이 확고하고 다른 사람의 관점이 완벽하지 않다고 생각한다면 화를 내지 않고 미소로 응수할 수 있다.

자로의 행동에 공자는 분명 무기력감을 느꼈다. 인생이 이미 종점에 이르러 몇 년밖에 남지 않은 상황이었지만, 그가 평생 주장해 온 이념은 노나라나 제나라에서 제대로 인정받지 못했다. 그러니 공자는 무기력감에 고통스러웠을 것이다. 이런 상황에서 자로의 행동은 공자를 진심으로 화나게 했던 것이다.

공자의 행복한 사색 '초로의 제자들과의 행복한 임종'

문장에는 당시 공자의 복잡했던 내면이 그대로 드러나 있다.

공자의 분노는 그의 내면이 흔들렸다는 걸 반영하면서 한편으로는 그의 내면이 확고하다는 걸 보여준다. 그는 자신이 스승으로서 제자를 가르치는 일에서만큼은 상당한 성과를 거두었다고 확신했다. 그래서 '자네들 손에 죽는 게 낫다'라고 말하며 가장 아끼는 제자들이 자신의 마지막을 함께 해 주기를 원했던 것이다.

◆ ◆ ◆

아대가자야

我待賈者也

자신을 알아주는 사람을
기다리는 공자

자공이 말하길 "여기에 아름다운 옥이 있다면 궤에 넣어 감추어 두시겠습니까? 아니면 좋은 상인을 구하여 파시겠습니까?"

공자가 말하길 "팔아야지! 팔아야지! 나는 좋은 값을 기다리는 사람이다!"

子貢曰 "有美玉於斯, 韞櫝而藏諸? 求善賈而沽諸?"

子曰 "沽之哉! 沽之哉! 我待賈者也!"

자공왈 "유미옥어사, 온독이장저? 구선고이고저?"

자왈 "고지재! 고지재! 아대가자야!"

자공은 상인이라서 장사와 관련된 일로 비유를 잘했다.

자공의 말에서 온독韞櫝의 '온韞'은 감춘다는 뜻이고 '독櫝'은 나무로 만든 궤를 뜻한다.

259

가價는 평소에는 '값 가'로 자주 읽히지만, 자공이 한 말에서는 '장사 고'로 읽어 상인으로 해석해야 한다. 그러니 '선고善賈'라는 건 좋은 상인을 의미한다. 반면 공자가 말한 "나는 살 사람을 기다리는 사람이다"라는 구절에서 가價를 '값 가'로 읽고 가격으로 해석해야 한다.

자공은 상인의 관점에서 "아름다운 옥이 여기에 있다면 그것을 궤에 넣어 보관하시겠습니까? 아니면 좋은 상인을 찾아서 파시겠습니까?"라고 묻는다. 그러자 공자는 "팔아야지, 팔아야지. 나는 좋은 값을 기다리고 있다"라고 대답한다.

자공은 자주 비유와 사례를 사용해서 공자의 생각을 알아보려고 했다. 예를 들어서 자공은 공자가 위나라에 머물려 하는지를 알기 위해 "백이와 숙제는 어떤 사람입니까?"라고 물었고, 공자는 "어짊을 구해 어짊을 얻었는데 어찌 원망했겠느냐"라고 대답했다.

자공은 직설적으로 표현하지 않고 에둘러 질문함으로써 자신의 총명함을 드러내는 걸 좋아했다. 그리고 그런 자공을 잘 알고 있는 공자는 솔직하게 "팔아야지, 나는 물건을 볼 줄 아는 사람을 찾고 있다"라고 대답한다. 이 말에서 값이 오르기를 기다려 판다라는 뜻의 '대가이고待價而沽'라는 사자성어가 나왔다.

공자는 여기서 다른 사람이 자신을 찾아 써주기를 기다리고 있

나는 논어를 만나 행복해졌다

지만, 아무도 찾지 않아 어쩔 수 없이 궤 속에 감추어져 있다고 말했다. 이처럼 공자는 적극적으로 세상에 나가 뜻을 펼치기를 바랐다.

공자의 행복한 사색 '나를 인정한 진정한 귀인'

공자를 잘 이해하지 못한 제자들은 공자가 능력이 출중하고 귀족들과 잘 교류하고 모두의 존경을 받는 데도 관직에 나가지 않는 이유는 스스로 원하지 않아서라고 생각했다. 공자가 세상에 나갈 뜻이 없어서 궤 속에 자신을 숨긴 채 은둔자로 살고 있다고 생각한 것이다.

하지만 이것은 공자에 대한 오해다. 공자는 사실 자기 능력을 드러내고 싶어 했다. 하지만 그는 세상일은 생각만큼 쉽지 않다는 걸 알고 있었다. 하물며 적당한 자리를 찾거나 자신을 이해해 주는 사람을 만나기도 쉽지 않았다. 이처럼 이 문장에는 세상에 나가 관직에 오르고 싶어 하는 공자의 마음이 표현되어 있다.

군자거지, 하루지유

君子居之, 何陋之有

한 줄기 빛으로 살아가니
어둠은 두렵지 않다

공자가 구이에 살려고 했다.

누군가가 말하길 "누추할 것인데 어떻게 하시렵니까?"

공자가 말하길 "군자가 살 곳인데 무슨 누추함이 있겠느냐?"

子欲居九夷. 或曰 "陋, 如之何?"

子曰 "君子居之, 何陋之有?"

자욕거구이. 혹왈 "루, 여지하?"

자왈 "군자거지, 하루지유?"

문장으로 바로 들어가 보자. 공자는 초나라에 가서 일을 찾고
싶어 했다. 당시 오지에 있던 초나라는 중원이 아닌 오랑캐 지역
에 속했다. 그러자 누군가가 "그곳은 외져서 낙후되어 있으니 먹

고 자고 씻는 모든 게 불편할 텐데 어쩌려 하십니까?"라고 물었다. 그러자 공자는 "군자가 살 곳인데 무슨 누추함이 있겠느냐?"라고 말한다.

중국 중당의 시인인 유우석은 이 구절을 따서 『누실명陋室銘』을 지었다. 공자의 이 말은 대장부의 기백을 드러내는 말이자 그의 문화 신념을 대표하는 말이다. 공자는 "자신이 한 줄기의 빛이니 어디를 가든 빛이 사라질까 두려워할 필요가 있겠느냐? 내가 어디를 가든 그곳이 빛날 것이다"라고 말했다.

왕양명은 오랑캐 지역에 갔을 때 자신이 머무는 곳을 '하루헌何陋軒'이라고 지었는데, 군자가 지내는 곳이라는 담대한 의미가 있다. 하지만 왕양명은 자신을 낮추기 위해서 "이곳은 군자가 오기를 기다리는 곳"이라고 말했다. 왕양명은 외지고 누추한 '하루헌'에 거주하며 현지인을 교화하고 교육했다.

이 시기 그는 『대학』을 읽고 새롭게 깨달아 '용장의 제자들에게 알려주는 가르침의 질서教條示龍場諸生'라는 글을 썼는데, 이것이 바로 유명한 '용장에서의 깨달음'이다. 이처럼 왕양명은 낙후된 곳에서 매우 중요한 학술을 이루어냄으로써 실제 행동으로 공자의 "군자가 살 곳인데 무슨 누추함이 있겠느냐"라는 말을 검증해 보였다.

노자도 "배를 위할 뿐 눈을 위하지 않는다"라고 말했다. '누추함'은 눈으로 보았을 때 아름답지 않고 정갈하지 않은 모습이다. '배를 위할 뿐 눈을 위하지 않는다'라는 건 배불리 먹으면 만족할 뿐 다채로운 외관 형식은 신경 쓰지 않음을 말한다. 공자도 내가 그곳에 가서 배우고 유능하게 일을 하면 그만이지 외부 환경이 어떤지는 중요하지 않다고 말했다.

나는 『누실명陋室銘』을 쓴 작가 유우석을 굉장히 좋아한다. 그는 여러 번 박해를 받았음에도 혁명적 낙천주의 정신을 품고 있었다. 그는 장안현長安 현도관玄都觀을 참관했을 때 '유현도관遊玄都觀'이란 시를 써서 당시 권력층을 비판했다. 결국 이 시로 당시 권력가인 무원형에게 미움을 받아 좌천되어 외진 남쪽에서 14년 동안 머물러야 했다.

14년 뒤 유우석은 다시 장안으로 돌아왔다. 이때는 무원형이 사망한 지 이미 십여 년이 지난 뒤였다. 다시 현도관을 찾은 유우석은 '재유현도관再遊玄都觀'이란 시를 썼다.

> 넓은 뜰에 이끼가 반이나 덮었고, 복숭아꽃은 모두 져버리고 채소꽃이 피었구나.
> 복숭아 심었던 도사는 어디로 돌아갔나, 지난번의 유씨 사내는 오늘 다시 왔는데.

나는 논어를 만나 행복해졌다

百畝庭中半是苔, 桃花淨盡菜花開.

種桃道士歸何處, 前度劉郞今又來.

이 시는 과거 현도관에서 감상한 복숭아꽃이 이제는 보이지 않는 점을 통해 세월의 무상함을 그리고 있다. 또 14년이 지난 넓은 뜰에 푸른 이끼가 가득하고, 인적이 보이지 않는 모습은 세월에 황폐해진 모습을 보여준다. 원래 싱그럽게 피어 있던 복숭아꽃은 모두 사라지고, 그 자리를 채소꽃이 대신하고 있다. 과거의 아름다움은 보이지 않고, 복숭아나무를 심었던 도사도 어디로 갔는지 알 수가 없다.

마지막으로 "지난번의 유씨 사내는 오늘 다시 왔는데"라는 구절은 특히 호탕한 감정이 드러난다. 유우석은 이 문장에서 "지난번에 여기서 죄를 저지른 유씨 사내가 오늘 다시 왔다!"라고 말하며 득의만만한 감정을 표현했다.

이 시를 보고 '이전에 시를 잘 못 쓴 죄로 고생한 뒤 다시 가까스로 도성으로 돌아왔는데 어떻게 다시 시를 쓸 수 있지?'라는 의문이 들 수 있다. 그래서 이 시가 유우석의 강해진 기개를 드러내고 있다고 생각한다. 난관을 겪을수록 더욱더 단단해진 그는 이제 더는 좌천에 놀라 좌절하던 과거의 시인이 아니다.

『누실명陋室銘』은 유우석이 좌천을 당해 지방 관리가 된 뒤에 쓴 작품이다. '누실명'이란 이름에는 유우석의 재치도 돋보인다. 아마 그를 좌천시킨 사람은 그가 외진 곳에 살면서도 좋은 글을 쓸 수 있다는 사실에 화가 났겠지만 어쩔 방법이 없었다. 만약 상황상 거주 조건이 좋지 않은 누추한 집에서 살아야 한다면 이렇게 자신을 위로해 보도록 하자.

"군자가 살 곳인데 무슨 누추함이 있겠어. 나 스스로 한 줄기 빛으로 살아가니 어둠은 두렵지 않아."

불위주곤

不爲酒困

즐거움을 위한 술이 아닌,
존경을 위한 술을 마셔라

공자가 말하길 "나가서는 공경을 섬기고, 들어와서는 부모를 섬기며, 상사에 감히 힘쓰지 않음이 없으며 술로 인해 곤란해지지 않으니 나에게 무슨 문제가 있겠느냐?"

子曰 "出則事公卿, 入則事父兄, 喪事不敢不勉, 不爲酒困, 何有於我哉?"

자왈 "출즉사공경, 입즉사부형, 상사불감불면, 불위주곤, 하유어아재?"

"술로 인해 곤란해지지 않으니" 구절 앞에 중요한 일들이 거론되고 있다.

"나가서는 공경을 섬기고"라는 건 밖에서 사교 활동을 하는 것으로 상사, 관리들과 교류하는 걸 말한다. "들어와서는 부모를 섬기며"라는 건, 말 그대로 집으로 돌아와서는 부모, 형제를 잘 돌보는 걸 말한다. 그리고 만약 마을에 장례가 열렸을 때 "감히 힘쓰지 않음이 없으며"라는 건 전심전력으로 최선을 다해서 도와주는 걸 말한다.

이와 같은 세 가지 일은 군자가 되는 중요한 방향이다. 하지만 "술로 인해 곤란해지지 않으니"라는 구절에서 의미가 변한다. 앞에서 거론한 세 가지 일은 모두 술자리가 필요한 일이다. 우리는 여기서 중국의 음주문화가 발전한 이유를 알 수 있다.

이 문장의 전체적인 뜻을 살펴보면 일단 공자는 이 세 가지 일이 모두 술을 마실 수밖에 없는 상황이라는 걸 말하고 있다. 밖에서 사회생활을 하다 보면 상사, 관리 앞에서 술을 마실 수밖에 없는 상황이 생긴다. 예를 들어 황제가 하사한 술은 거절할 수가 없다. 그리고 집에 돌아와서 부모가 오늘 기분이 좋아 한잔하자고 하면 사양할 수가 없고, 상갓집에서 상주가 감사한 마음에 술을 권할 때도 사양할 수가 없다.

공자는 이 세 가지 일을 살면서 어쩔 수 없이 술을 마셔야만 하는 상황으로 보았다. 하지만 어쩔 수 없이 마시더라도 "술로 인해 곤란해지지 않을 수" 있어야 한다. 주사를 부리거나 알코올 의존증에 걸리거나 알코올 중독자가 되어서는 안 되는 것이다.

니콜라스 케이지Nicolas Cage는 영화 「라스베가스를 떠나며Leaving Las Vegas」에서 중증 알코올 중독자를 연기했다. 그는 항상 술에 의지해 살아가다가 결국에는 술로 자살하려는 생각까지 하게 된다. 세계 각지에도 알코올 중독자들이 많다. 부모가 무절제하게 폭음하는 모습은 자식에게도 심각한 영향을 끼쳐 두려움 속에서 생활하게 한다. 부모가 폭음한 뒤 난폭한 모습을 보이지 않아도 아이는 폭음이 가져오는 심각한 불확실성 때문에 두려움을 느끼게 된다.

공자가 말한 "술로 인해 곤란해지지 않는다"라는 건 소량만 적당하게 마셔서 지나치게 취하거나 알코올 중독에 빠지지 않는 걸 말한다. 그래서 공자는 "이렇게 절제를 하니 나에게 무슨 문제가 있겠는가?"라고 말했다.

공자의 행복한 사색   '예를 위한 음주의 행복'

공자 역시 술 마시는 걸 좋아했다. 주량도 상당했지만 취하지는 않았다고 한다. 공자는 즐거움을 위해 술을 마시지 않았고, 특정 상황에서 존경을 표시하기 위해 술을 마셨다. 그러니 이 문장을 읽는 독자들도 모두 절제해서 음주하기를 바란다.

◆◆◆

서자여사부! 불사주야

逝者如斯夫! 不舍晝夜

시간은
잔인하면서 공평하다

공자가 냇가에서 말하길 "가는 것이 이와 같구나! 밤낮으로 그
치지 않는구나."

子在川上, 曰 "逝者如斯夫! 不舍晝夜."

자재천상, 왈 "서자여사부! 불사주야."

당시 노나라의 강은 수사원류洙泗源流라고 불리며 수수洙水, 사수
泗水, 문수汶水 등이 있었다. 이 문장에서 공자는 강변에 서서 흘러
가는 물을 바라보다가 시적인 감상을 내뱉는다.

『중국 8대 시인中國八大詩人』이란 책에서는 좋은 시와 나쁜 시가
무엇인지, 진짜 시와 거짓 시가 무엇인지를 설명하고 있다. 그중
에서 좋은 시는 내면에서 우러나와 전 인류가 공감할 수 있는 감

정을 표현하는 시이다.

공자는 『시경』을 정리했을 뿐 자신이 시를 쓰지는 않았다. 하지만 나는 세월의 무상함을 이야기하는 이 문장이 공자가 시를 창작하는 수준을 보여준다고 생각한다.

"가는 것이 이와 같구나! 밤낮으로 그치지 않는구나"라는 말처럼 강변에 앉아서 아무것도 하지 않고 조용히 흘러가는 물을 바라보면 시간의 흐름을 느낄 수가 있다. 평상시 책을 읽고 일하고 밥을 먹고 즐길 때 시간은 그저 하나의 도구일 뿐이다. 항상 멈춤 없이 흘러가지만, 그 존재를 의식하지 못한다. 하지만 아무것도 하지 않고 있으면 시간의 흐름을 느낄 수가 있다.

공자는 냇가에 서서 유유히 흘러가는 물을 바라보다가 갑자기 시적 정취가 가득한 '가는 것이 이와 같구나! 밤낮으로 그치지 않는구나'라는 말을 내뱉었다.

시간은 가장 잔인하면서 가장 공평하고, 가장 무정하다. 시간은 좋은 사람이라고 해서 느리게 흘러가 주지 않는다. 영화에는 슬로모션이라는 게 있지만, 삶에서는 어떤 일이 발생하든 시간은 항상 같은 속도로 흘러간다.

그래서 우리는 '청춘을 소중히 생각하라'고 말하지만 이건 시간에 대한 표면적인 감상을 이야기했을 뿐이다. 더 깊이 생각해 보면 속절없는 감정이 들거나 심지어는 인생의 의미에 회의를 느끼게 된다. '이 세상을 어떻게 살아야 하는 걸까? 우리는 어디에서 와서 어디로 가는 걸까? 인생의 의미는 무엇일까?'와 같은 생각을 하게 되는 것이다.

공자의 행복한 사색 '시간에는 빈부격차가 없다'

공자는 시간은 눈앞에 흐르는 강물처럼 밤낮으로 끊임없이 흘러간다고 말했다. 중국 당나라 시인 진자앙이 쓴 '등유주대가登幽州臺歌'가 명시라고 불리는 이유도 공자처럼 세월의 무상함을 표현했기 때문이다. 그는 정밀하면서 간결한 문장으로 모든 사람이 속으로 생각하지만, 말로는 드러내지 못하는 감정을 표현해냈다.

"앞에 옛사람이 보이지 않고, 뒤에 오는 사람이 보이지 않는다. 천지의 유구함을 생각하다가 홀로 슬퍼서 눈물을 흘린다."

◆◆◆
오미견호덕여호색자야
吾未見好德如好色者也

호색을 통해 보는
'이기적 유전자'

공자가 말하길 "나는 덕을 좋아하는 걸 색을 좋아하는 것처럼 하는 사람을 보지 못했다!"

子曰 "吾未見好德如好色者也!"

자왈 "오미견호덕여호색자야."

이 문장은 많은 사람에게 인용되었다. 공자는 이때 무척이나 화를 내며 "내가 지금껏 덕행을 좋아하는 걸 미인을 좋아하는 것처럼 하는 사람을 보지 못했다"라고 말했다.

공자가 위나라에 갔을 때 위나라 영공은 공자를 매우 반겨 자주 대화를 나누었다. 당시 공자는 위나라에서 국빈으로 대우를 받았으니 위나라 영공의 요청을 받아 외출할 때는 예법에 따라서 군왕의 마차에 함께 타야 했다. 그런데 공자가 마차에 오르려 하자 위나라 영공이 이렇게 말했다. "부자께서는 뒤에 따라오는 마차에 타십시오. 저는 부인과 함께 타려 합니다."

위나라 영공은 부인인 '남자'를 무척이나 아끼고 사랑했다. 너무 좋아한 나머지 기본예절도 어기는 걸 보고 공자가 한탄하며 이렇게 말을 한 것이다.

사실 이 문장은 쉽게 이해할 수 있다. 색, 즉 이성을 좋아하는 건 인간의 본능적인 욕구라서 굳이 노력할 필요가 없다. 반면 덕을 좋아하려면 인간의 본능을 억누르고 욕망을 구속하며 품행을 수련해야 한다.

공자는 "자신을 극복해서 예에 돌아가는 게 어짊이다克己復禮爲仁"라고 말했다. 자신의 본능을 통제해야 비로소 성숙한 사회인이 될 수 있고, 도덕적으로 완전한 사람이 될 수 있다. 하지만 이것을 이루는 건 무척이나 어렵다. 그래서 자신의 본능을 이기지 못해 '덕을 좋아하는 걸 색을 좋아하는 것처럼 하지 못하는 사람'을 자주 볼 수 있다.

하지만 한편으로 우리는 인류가 색을 좋아하는 이유도 알고 있다. 바로 인류가 이기적인 유전자의 영향을 받기 때문이다.

리처드 도킨스Richard Dawkins의 유명한 저서 『이기적 유전자The Selfish Gene』에서는 우리의 행동이 우리의 생존이 아닌 유전자의 생존을 위한 행동이며, 모든 사람은 '유전자 기계'라고 주장한다.

남성과 여성은 생식능력을 상실하면 노화가 빨라진다. 중국 옛사람들은 '여칠칠, 남팔팔女七七, 男八八'이라 말했는데, 여성은 49세, 남성은 64세 때부터 빠르게 늙기 시작한다는 의미다. 이 시기 이전에는 여성호르몬과 남성 호르몬이 비교적 왕성해서 활력을 유지할 수 있다.

리처드 도킨스는 이것 역시 유전자가 원인이라고 보았다. 유전자는 사람의 생존에는 관심이 없고, 자신이 계속 생존할 수 있는지에만 관심이 있다. 살이 찌면 각종 질병이 생기기 쉽기 때문에 다이어트로 식욕을 자제하지만 유전자는 우리가 계속 단 음식을 먹게 만들고 중독되게 한다. 그 이유는 뭘까? 인체에 지방이 많이 축적되면 건강에는 좋지 않지만, 생식에는 유리하기 때문이다. 이것이 『이기적 유전자』에서 주장하는 색을 좋아하는 원인이다.

『로봇의 반란The Robot's Rebellion』이란 책에서는 인류를 유전자를 보호하기 위한 로봇이라고 규정한다. 이 책에서 로봇의 반란이라는 건 인류가 유전자를 위해서가 아니라 자신을 위해 사는 걸 의미한다. 예를 들어 반드시 결혼해서 자식을 낳아야 한다는 생각에 사로잡히지 않고 그저 건강하고, 즐거운 삶을 위해 인생을 계획하는 것이다. 이런 점에서 공자가 사람들이 덕을 좋아하기를 바란 건 '로봇의 반란'이라고 할 수 있다.

◆◆◆

진, 오왕야

進, 吾往也

내 인생에 유일한 결정자는
바로 나 자신이다

공자가 말하길 "비유하자면 산을 쌓을 때 마지막 흙 한 삼태기가 부족해 중지했다면 내가 중지한 것이다. 비유하자면 평탄한 땅에 한 삼태기를 쏟아부었다고 하더라도 나아갔다면, 내가 나아간 것이다."

子曰 "譬如爲山, 未成一簣, 止, 吾止也. 譬如平地, 雖覆一簣, 進, 吾往也."

자왈 "비여위산, 미성일궤, 지, 오지야. 비여평지, 수복일궤, 진, 오왕야."

중국 고대에는 종종 성 옆에 산을 쌓아서 방어했다.

"비유하자면 산을 쌓을 때 마지막 흙 한 삼태기가 부족해"라는 건 산을 쌓을 때 흙 한 광주리가 부족한 상황이라는 것으로 산이

277

다 쌓아지지 않은 상태를 말한다. 이처럼 흙 한 광주리가 부족한 상황에서 산을 쌓는 걸 중단하는 건 자발적으로 자신의 책임을 포기했다는 의미다.

"한 삼태기를 쏟아부었다고 하더라도"라는 구절은 평지에 흙 한 광주리를 쏟아부은 것을 말한다. 만약 우리의 인생이 산을 쌓은 것이라면 평지에 흙 한 광주리를 쏟아부은 건 목적을 향해 한 발자국 내디딘 것이다. 여기서 계속 흙을 쌓아 산을 완성할지 포기할지는 자신의 결정에 달려 있다.

옛말에 "아홉 길 높이의 산을 쌓는데 흙 한 삼태기가 모자라 일을 다 이루지 못하다為山九仞, 功虧一簣"라는 말이 있다. 일을 거의 끝내놓은 상태에서 포기해 버린다는 의미로, 거의 목표에 도달했을 때 포기를 선택할 수도 있고, 아무것도 없는 상태에서 노력해 조금씩 나아가는 걸 선택할 수도 있다.

후스 선생은 학문을 하는 건 '조금씩 나아가는 기쁨'이라고 말했다. 약간의 전진을 이룰 수 있다면 약간의 즐거움을 얻을 수 있다. 이처럼 모든 것은 자신의 선택에 달려 있는 만큼 환경을 탓할 필요는 없다. 하지만 우리는 노력하지 않고 환경을 탓하는 경우가 많다. 예를 들어서 "배울 마음은 있지만 시간이 없어서 어쩔 수가 없다.", "배우고 싶지만 타고난 자질이 부족해서 하는 수 없다."라고 말한다. 우리는 항상 하지 않을 수많은 핑계를 가지고 있고 포기할 수많은 이유를 만들어낸다. 그러면서 마치 세상이 자신을 방해하는 것처럼 모든 걸 외부의 탓으로 돌린다. 공자는 포기를 하든 한 발자국 나아가든 모든 건 자신의 선택이니 탓할 수 없다고 말한다.

그렇다면 우리는 어째서 자신이 유일한 결정자라는 걸 의식하지 못하는 걸까? 그건 무의식적으로 책임으로 인한 스트레스를 받고 싶지 않기 때문이다. 그래서 우리는 습관적으로 스트레스를 다른 사람에게 전가한다. 실패했을 때 습관적으로 책임을 회피하는 것이다.

예를 들어 자신이 원치 않음에도 아버지가 강요하는 전공을 공부한다. 이때 자녀는 당연히 '수동적 공격' 상태에 빠지게 된다. 일부러 실패함으로써 그 실패와 고통을 이용해 아버지의 잘못을 증명하고 반항하는 것이다. 이 경우 자녀는 아버지에게 "어떻게 됐는지 보세요. 제가 이렇게 불행해졌잖아요. 그때 아버지가 저에게 이 전공을 강요하지 않았다면, 제가 이렇게 되지 않았을 거예요."라고 말한다. 또는 "그때 결혼을 강요하지 않았다면 제가 이혼할 이유도 없었을 거예요.", "고향으로 돌아오라고 하지만 않았으면 제가 이렇게 가난하게 살지도 않았을 거예요."와 같은 원망의 말을 던질 것이다.

제9편 자한子罕 편 | 혼돈의 시대를 헤쳐가는 공자의 지혜

우리는 살면서 실패나 고통, 불만을 겪을 때마다 다른 사람의 탓으로 돌린다. 하지만 우리가 살면서 내리는 모든 선택의 대부분은 자신이 선택의 권리를 포기하는 데서 비롯된다. 예를 들어서 아버지의 충고를 따라서 원치 않은 전공을 공부했다고 하더라도 이 선택의 주체는 자기 자신이다. 스스로 집안의 화목을 지키기 위해서, 가정을 위해서 희생하는 걸 선택한 것이다.

그러니 우리는 자신의 선택권을 포기해서는 안 된다.

공자의 행복한 사색   '그 누구도 아닌 나를 위한 인생'

인생이 얼마나 불만족스럽든 얼마나 고통스럽든 다른 사람이 자신에게 어떤 상처를 주었든 이 모든 건 자신이 선택한 결과라는 걸 알아야 한다. 자기 인생의 유일한 책임자는 '나 자신'이라는 걸 인지하고 받아들여야 비로소 인생의 갈림길 앞에서 자신에게 유리한 선택을 할 수 있다.

어지이불타

語之而不惰

부지런함은
학문에 대한 존중이다

> **공자가 말하길** "일러주면 게을리하지 않을 사람은 아마 회일 것이다!"
>
> **子曰** "語之而不惰者, 其回也與!"
>
> **자왈** "어지이불타자, 기회야여!"

공자는 안회를 좋아하고 신뢰했기에 "일러주면 게으름을 피우지 않고 노력할 사람은 안회일 것이다"라고 말했다. '일러주면 게을리하지 않을 사람'이라는 구절에서 우리는 반대로 '일러줘도 게을리할 사람'을 두 가지로 해석할 수 있다.

첫 번째는 스승의 말을 왼쪽 귀로 듣고 오른쪽 귀로 흘려 실천을 게을리하는 것으로 해석할 수 있다.

두 번째는 실천하기 싫어서 안 하는 게 아니라 스승의 말이 너무 많아서 태만해진 것으로 해석할 수 있다. 이때 공자는 이미 나이가 많아 자신이 했던 말을 반복해서 했을 테고, 또 제자들에게 둘러싸여 있다 보니 매일 예, 어짊, 의로움, 지혜로움, 신용에 대해서 언급했을 수 있다. 이에 일부 제자들은 공자의 말을 '귀에 못이 박히도록 들어서' 주의 깊게 듣지 않았을 수 있다. 하지만 이 역시 게으르다고 할 수 있다.

첫 번째 해석으로 보면 공자의 말은 '항상 집중해서 내 말을 들어줄 사람은 안회다'가 된다. 반면 두 번째 해석으로 보면 '내가 말한 도리를 인내로 참고 들으며 실천할 사람은 아마 안회일 것이다'로 해석할 수도 있다. 어느 쪽으로 해석하든 모두 배움의 미덕을 이야기하고 있다. 그러니 이치를 너무 많이 들었다고 해서 듣지 않으려 해서는 안 된다.

공자의 행복한 사색 ‘지속해서 들어도 질리지 않는 것이 곧 진리’

인생의 진리 중에는 반복해서 들을 때마다 의미가 달라지는 경우가 있다. 예를 들어서 나는 『논어』를 몇십 차례 읽었지만, 매번 읽을 때마다 새롭게 이해하고 깨닫게 된다. 그래서 내가 『논어』는 읽을 때마다 새롭다는 점을 강조하는 것이다.

어른들이 반복해서 이치를 설명해 주면 우리는 잔소리라고 생각한다.

나는 논어를 만나 행복해졌다

하지만 그 말에 담긴 진짜 뜻을 깨달으려 해 본 적이 있는가? 우리가 그 말에 담긴 진의를 받아들이려 하지 않기 때문에 어른들은 반복해서 일 깨워주는 것이다.

◆ ◆ ◆

오견기진야

吾見其進也

지식을
탐구하는 즐거움

공자가 안연을 평가하며 말하길 "애석하구나! 나는 그가 나아
가는 것만 보았고 멈추는 건 보지 못했다."

子謂顏淵, 曰 "惜乎! 吾見其進也, 未見其止也."

자위안연, 왈 "석호! 오견기진야, 미견기지야."

　여기서도 공자가 안회를 평가했다. 그는 "안회는 정말 아깝구
나! 나는 매일 그가 꾸준히 전진하는 것만 보았고 그가 멈추고 있
는 건 보지 못했다"라고 말한다.

　이 말은 아마 안회가 세상을 떠난 뒤 한 말일 것이다. 안회의 죽
음으로 상당한 충격을 받은 공자는 이따금 안회를 떠올리며 무척
이나 그리워했다.

문장을 살피기 전 우리는 먼저 사람이 배움을 멈추는 이유를 알아볼 필요가 있다. 아마 가장 큰 이유는 배움에 회의감이 생겼기 때문일 것이다. 배움이 정체기에 이르면 발전하는 게 보이지 않게 된다. 이때 임곗값을 돌파하지 못하면 회의와 절망에 빠져 뒷걸음 질을 치게 된다.

배움의 여정 곳곳에는 난관과 시련이 포진해 있다. 이런 난관들은 배움을 포기하게 만들기 충분하다. 예를 들어 "나는 가족을 부양해야 하는 처지라서 계속 배울 수가 없어."라고 말하는 경우를 들 수 있다. 이처럼 배움의 여정을 포기하거나 물러나거나 방향을 바꾸는 사람은 많다. 하지만 안회는 그렇지 않았다. 그는 공자의 가르침을 항상 주의 깊게 들었고, 실천하는데 게으름을 피우지 않았다. 안회처럼 굳건한 신념을 가진 청년은 흔치 않다.

그렇다면 안회가 배움을 포기하지 않을 수 있었던 비결은 뭘까? 그건 안회가 배움을 수단이 아닌 '본질'로 생각했기 때문이다. 배움을 수단으로 생각하는 건 공자에게서 어떤 능력, 수완을 배우려 하는 걸 말한다. 예를 들어 나라를 평안하게 다스리는 방법이나 관리가 되는 방법이나 가신이 되는 방법을 배워 생계를 유지할 직업을 구하려 하는 것이다.

반면, 안회는 배움을 본질로 생각해 항상 좋은 사람이 되는 법,

군자가 되는 법, 어진 사람이 되는 법을 탐구하고 수련했고, 자신을 더욱 나은 사람으로 변화시켰다. 이런 신념을 가지고 있었기에 안회는 배움에 정체기가 와도 괴로워하지 않았다. 오히려 매일 배우는 과정을 즐겼다. 이것이 바로 지식을 탐구하는 즐거움이다.

공자의 행복한 사색 '배움 그 자체의 즐거움'

배우는 과정에서 지식을 탐구하는 즐거움을 깨닫는다면 중단하거나 뒷걸음칠 가능성이 줄어든다. 반면 매번 지식을 배우면서 이것이 나에게 뭘 가져다줄지, 어떤 변화가 생길지를 생각하면 점차 배움의 활력을 잃게 된다. 그러니 우리가 배운 지식으로 당장 무언가를 얻으려고만 한다면 귀중한 진리를 배우지 못한 채 표면적인 기교만 배우게 될 수 있다.

◆◆◆

수이불실자유의부

秀而不實者有矣夫

뜻을 세우기는 쉬워도
목표에 이르기는 어렵다

공자가 말하길 "싹이 돋았으나 꽃이 피지 못하는 것도 있으며,
꽃이 피었으나 열매를 맺지 못하는 것도 있다!"
子曰 "苗而不秀者有矣夫! 秀而不實者有矣夫!"
자왈 "묘이불수자유의부! 수이불실자유의부!"

여기서 '수秀'는 꽃이 핀다는 의미다. "싹이 돋았으나 꽃이 피지
못하는 것도 있으며"라는 건 싹은 틔웠지만 꽃이 피지 못하는 경
우가 있다는 의미다. '꽃이 피었으나 열매를 맺지 못하는 것도 있
다'라는 것도 같은 의미다.

이 문장은 앞에 등장한 공자가 안회를 칭찬한 문장과 함께 이해
해 볼 수 있다. 공자는 안회의 죽음에 안타까워하며 그가 종일 열

심히 배웠다고 말한다. 안회는 이미 꽃이 피어 전망이 좋은 학자였다. 하지만 결국 꽃이 피었으나 열매를 맺지 못했다. 일찍 세상을 등진 탓에 학문의 과실을 보지 못한 것이다. 그러니 이 문장을 공자가 안회가 일찍 세상을 떠난 걸 안타까워하며 한 말로 이해할 수도 있다.

　하지만 만약 이 문장을 단순히 안회만을 지칭하는 게 아니라고 본다면 공자가 안타까움과 함께 이치를 일러주는 말이 된다. 이 경우 공자의 말은 배움에 뜻을 가지는 것과 꾸준히 배우는 것에는 엄청난 차이가 있다는 의미가 된다.

공자의 행복한 사색 　'배움을 싹 틔우기까지의 고난을 극복하라'

좋은 싹이 되고 싶어 하는 사람은 많다. 처음에는 적극적으로 지원해 열정을 가지고 배우려 한다. 하지만 그중에서 꽃을 피우는 사람은 얼마나 될까? 꽃을 피운다는 건 일정 정도 배운 뒤에도 계속 꾸준히 배워나간다는 의미인데, 그러기 위해서는 보이지 않는 난관들을 거쳐야 한다. 게다가 꾸준히 배워야 할 뿐만 아니라 기회와 인연도 있어야 한다. 인생에서는 기회와 인연으로 성공하는 일들이 많다. 그러니 기회와 인연을 얻으려 하지 않는다면 노력에도 열매를 맺지 못해 괴로워하게 될 수 있다.

나는 논어를 만나 행복해졌다

◆◆◆

손여지언

巽與之言

리더십을 기르려면
먼저 긍정 피드백을 배워야 한다

공자가 말하길 "법어로 하는 말을 따르지 않을 수 있겠는가? 고
치는 게 귀중한 것이다. 부드럽게 하는 말에 기뻐하지 않을 수
있겠는가? 실마리를 찾는 게 귀중한 것이다. 기뻐하기만 하고
실마리를 찾지 않거나 따르기만 하고 고치지 않는다면 나는 어
찌할 수가 없다."

子曰 "法語之言, 能無從乎? 改之爲貴. 巽與之言, 能無說
乎? 繹之爲貴. 說而不繹, 從而不改, 吾末如之何也已矣."

자왈 "법어지언, 능무종호? 개지위귀. 손여지언, 능무열호? 역
지위귀. 열이불역, 종이불개, 오말여지하야이의."

"나는 어찌할 수가 없다"라는 말은 '나는 그를 어떻게 해야 할지
모르겠다'라는 의미다. 그렇다면 공자가 어떻게 해야 할지 모르겠

289

다고 말한 사람은 어떤 사람일까?

나는 『복제 가능한 리더십可復製的領導力』에서 가장 자주 사용하는 두 가지 도구인 '긍정 피드백'과 '부정 피드백'을 소개한 적이 있다.

'법어로 하는 말'은 부정 피드백에 해당한다. 날카롭게 지적해 귀에 거슬리지만, 논리가 정확해 거부할 수 없는 말이다. 그러니 "법어로 하는 말을 따르지 않을 수 있겠는가"라는 구절은 '다른 사람이 부정적인 피드백을 할 때 인정하지 않을 수 있겠는가?'라는 의미다.

"고치는 게 귀중한 것이다"라는 건 피드백을 들은 뒤 중요한 것은 잘못된 점을 고치는 것이란 말이다.

부정 피드백의 경우 종종 이런 상황이 펼쳐진다. 상대방이 나의 방식을 지적하는 상황이다.

"너의 방법은 옳지 않아." 그러면 상대의 말에 나는 이렇게 대꾸한다. "그래, 네 말이 맞아. 내가 틀렸어. 네가 하는 말이 맞는 것 같아." 그런데 이처럼 겉으로는 상대방의 말에 거역하거나 따지지 않고 완전히 따르는 경우는 지적하는 사람이 대부분 상사이거나 리더이기 때문이다. 하지만 겉으로만 따르는 척하면서 상황만 모면할 뿐 실제로 고치려 하지는 않는다.

반면 '부드럽게 하는 말'은 공손하게 말하는 긍정 피드백에 해당한다. 만약 누군가가 공손하게 칭찬하고 격려해 준다면 저절로 마음이 즐거워지지 않을까?

긍정 피드백의 경우 '칭찬+원인 설명'이라는 기본 표현 방식을 사용하는데, 이런 방식은 상대를 원하는 방향으로 유도하기 위해서이다.

"실마리를 찾는 게 귀중한 것이다"라는 구절에서 '역^{繹}'은 분석, 고민한다는 뜻이다. 리더에게 긍정 피드백을 받았다면 단순히 기뻐해서는 안 된다. "오늘 나한테 칭찬을 해 준 이유가 뭐지? 그 말에서 내가 받아들여야 할 부분은 뭐지? 나는 앞으로 어떻게 행동해야 하지?"라는 고민을 할 수 있어야 한다. 긍정 피드백을 분석해야 칭찬한 의미를 알 수 있다. '실마리를 찾는 게 귀중한 것이다'라는 말은 칭찬에 담긴 진짜 의미를 분석해서 자신을 더 좋게 변화시키는 게 중요하다는 의미다.

그러니 공자가 '어찌할 수가 없다'라고 한 사람은 '따르기만 하고 고치지 않거나 기뻐하기만 하고 실마리를 찾지 않는' 두 종류의 사람을 말한다.

『복제 가능한 리더십』을 바탕으로 보면 '기뻐하기만 하고 실마리를 찾지 않는 것'은 긍정 피드백이 효과를 보지 못한 경우이고, '따르기만 하고 고치지 않는 것'은 부정 피드백이 효과를 보지 못한 경우다.

이 문장에서 공자는 개탄하며 "칭찬을 해도 효과가 없고 꾸짖어
도 효과가 없는 사람은 어떻게 해야 할지 모르겠다"라고 말했다.

공자의 행복한 사색 '긍정적인 피드백의 힘'

공자의 학문 수준이 깊고 정밀했던 이유는 무엇일까? 2천 5백여 년 전
에 그는 항상 팀을 어떻게 이끌어야 할지, 사람을 어떻게 관리하고 교육
해야 할지를 고민했다. 그 당시 그가 사용한 여러 과학적 방법들은 지
금 우리가 연구하는 것과 거의 일치한다. 긍정적인 피드백과 부정적인
피드백은 한 사람의 인생을 성공으로 이끌 수도, 나락으로 이끌 수도 있
다. 공자는 이미 수천 년 전에 긍정적인 피드백과 부정적인 피드백의
힘과 차이를 알았던 것이다.

필부불가탈지야

匹夫不可奪志也

정신과 의지는
가장 강인한 힘이다

공자가 말하길 "삼군의 장수는 빼앗을 수 있어도 필부의 뜻은 빼앗을 수 없다."

子曰 "三軍可奪帥也, 匹夫不可奪志也."

자왈 "삼군가탈수야, 필부불가탈지야."

중국 베이징 대학교의 리링 교수는 『집 잃은 개^{喪家狗}』를 통해 『논어』에서 이 문장을 가장 좋아한다고 말했다.

예팅^{葉挺} 장군은 환남사변^{皖南事變}(신사군 사건으로도 불린다. 공산당과 국민당이 함께 항일전쟁을 펼칠 당시 국민당 군대가 공산당 신사군을 포위해 공격한 사건이다-옮긴이)으로 감옥에 갇혔을 때 "삼군의 장수는 빼앗을 수 있어도 필부의 뜻은 빼앗을 수 없다"라는 말을 떠올리며 자신을 다잡았다고 한다. 장군으로서 패배한 사실은 바뀌지 않지만, 그가 가진 견실한 신념을 굴복시킬 수는 없다는 뜻이다. 인간의 강인한 정신과 신념은 어떠한 것으로도 대체되거나 제압될 수 없다. 삼군은 많은 사람으로 구성된 강력한 힘을 가진 조직이지만, 그것으로 한 사람의 정신적 힘을 대체할 수는 없는 것이다.

"삼군의 장수는 빼앗을 수 있어도"라는 건 전쟁은 전략, 운영, 실력을 겨루는 것이니 전술과 장비로 승패가 좌우될 수 있음을 말한다. 하지만 눈에 보이지 않는 필부의 뜻은 외부의 힘만으로는 빼앗을 수 없다.

중국 고대의 이야기 중 사관과 관련된 감동적인 이야기가 있다.

제나라 대신 최저가 군왕을 시해하자 태사太史가 "최저가 그의 군주를 시해했다崔杼弒其君"라고 기록했다. 그것을 본 최저가 태사에게 "제나라 왕이 급사했다"라는 기록으로 변경하라는 요구를 했다. 하지만 태사는 "군주를 시해하신 게 사실이라 고칠 수 없습니다"라고 말하며 거절한다. 부하가 자신의 말을 거역하자 화가 난 최저는 태사를 죽이고 만다. 그리고 죽은 태사의 아우가 직을 계승하자 그에게 "제나라 왕이 급사했다"라고 기록하라고 제청했다. 하지만 새로 온 태사 역시 "최저가 군주를 시해했다"라고 썼고 똑같이 목숨을 잃었다. 이후 직을 계승한 세 번째 아우도 "최저가 군

나는 논어를 만나 행복해졌다

왕을 시해했다"라고 기록한 뒤 목숨을 잃었고, 네 번째 아우도 "최저가 군왕을 시해했다"라고 적었다. 그러자 최저는 더는 태사를 살해하지 못했다고 한다.

세 명의 형제가 죽임을 당한 뒤에 넷째는 역사책을 밖으로 가지고 나갈 수 있었다. 그때 사관 한 명이 붓과 책을 들고 달려왔다. 넷째가 달려오는 사관에게 물었다. "무슨 일인가?"

달려오던 사관이 말했다. "최저가 또 사람을 죽일 것이라 해서 제가 자리를 대신하기 위해 온 겁니다. 만약 대인께서도 죽임을 당하시면 제가 안으로 들어가 '최저가 군왕을 죽였다'라고 쓰려 했습니다."

이것이 바로 '필부의 뜻은 빼앗을 수 없다'라는 것이다. 이처럼 중국 고대에 전해 내려오는 장렬한 이야기들 속에는 중국 문화의 가장 감동적인 색채가 담겨 있다. 중국의 힘의 원천은 어디일까? 대대로 '삼군의 장수는 빼앗을 수 있어도 필부의 뜻은 빼앗을 수 없다'라고 외친 절개를 가진 인물들의 정신이 아닐까?

우리에게 비교적 널리 알려진 SF소설 『2001 스페이스 오디세이2001 : A space odyssey』는 영화로도 제작되었다. 비행선에는 로봇과 우주 비행사가 함께 타고 있다. 알고리즘에 의해 모든 걸 결정하는 로봇은 반란이 가장 유리하다는 결론을 내리곤 주저 없이 실행한다. 반면 우주 비행사는 정신력과 의지력으로 로봇과 끊임없이 싸워 결국 비행선을 되찾는다.

인간에게 정신은 아주 중요하다. 정신과 의지는 인간이 다른 종과 근본적으로 다르다는 걸 보여준다.

량치차오梁啓超는 중국 근대사에서 내가 가장 존경하는 교육자이다. 그가 자식들을 교육하는 모습을 보면 교육자로서의 풍모를 알 수 있다. 그의 자녀들인 량쓰청과 량쓰융은 미국에서 공부하면서 아버지 량치차오에게 편지를 써서 미국 환경이 너무 좋고 생활도 편하고 재미있다고 말했다. 그러면서 둘 다 살이 쪄서 무슨 일을 해도 힘이 생기지 않고 투지도 사라지는 것 같다고 했다. 스스로 편안한 삶에 의지가 약해지는 걸 반성한 것이다.

그러자 량치차오는 답신을 보내 편안한 생활 때문에 의지가 약해진 것이라면 장래성이 없는 것이라고 지적한다. 좋은 외부 환경이 정신이 약해지는 이유가 될 수 없다는 것이다.

유혹을 이겨내지 못해 의지가 약해진다는 건 필부의 뜻을 빼앗긴 것이나 다름없다. 필부의 뜻은 강인한 정신적 힘인 만큼 조건이 변한다고 해서 쉽게 변하지 않는다.

나는 논어를 만나 행복해졌다

인생에서 더 경계해야 할 점은 예기치 못한 상황에서 의지가 꺾이는 경우다. 이따금 우리는 외부 환경과는 전혀 상관없이 의지를 빼앗기기도 한다. 누군가가 자신의 목에 칼을 들이대고 학업, 이상을 포기하라 강요하지 않는데도 쉽게 포기한다. 사실 사람은 눈앞에 고통이 아닌 '행복'이 있을 때 더 쉽게 의지를 빼앗긴다. 부유함과 편안한 삶 앞에서 목표와 신념을 잃어버리는 것이다. 예를 들어서 평소 배움에 힘쓰던 사람이라도 좋은 직장에 들어가 당장 돈을 벌 수 있다고 하면 의지가 흔들려 '뜻을 빼앗기게' 된다.

불기불구, 하용부장

不忮不求, 何用不臧

탐욕 없이 순박한
자로의 인품

공자가 말하길 "해진 솜옷을 입고 여우나 담비의 모피로 만든 옷을 입은 사람과 함께 있으면서 부끄러워하지 않는 사람은 유일 것이다. '다른 사람을 해치지 않고 다른 사람의 것을 탐내지 아니하니 어찌 선량하지 않을 수 있겠는가?'"

자로가 항상 외우고 다니자 공자가 말하길 "이 도가 어찌 그리 선량하겠느냐?"

子曰 "衣敝縕袍, 與衣狐貉者立, 而不恥者, 其由也與. '不忮不求, 何用不臧?'"

子路終身誦之. 子曰 "是道也, 何足以臧?"

자왈 "의폐온포, 여의호학자립, 이불치자, 기유야여. '불기불구, 하용부장?'"

자로종신송지, 자왈 "시도야, 하족이장?"

자로와 공자의 대화는 항상 이런 식이다. 공자는 사실 자로를 무척 좋아했다. 그래서 칭찬해 주면 자로가 너무 기고만장해지는 탓에 공자는 항상 그에게 질책으로 다그쳤다.

　　어느 날 공자가 말했다.

　　"자로가 뛰어나구나. 낡고 헤져 기운 옷을 입고 여우가죽이나 담비가죽으로 만든 외투를 입은 사람과 함께 서 있어도 부끄러워하지 않는다."

　　한 공식행사에 많은 사람이 정장 차림으로 입장했는데 나 혼자만 낡은 티셔츠를 입고 왔다면 어떤 생각이 들까? 예기치 못한 일이 생겨 어쩔 수 없었다고 하더라도 다른 사람과 태연하게 대화를 나눌 수 있을까? 어느 행사장에서 이와 비슷한 경험을 한 적이 있다. 나는 가벼운 복장을 하고 정장을 입은 사람들 속에 끼어 있자니 너무나도 어색했다. 화려하게 치장하고 위풍당당한 기세를 뽐내는 사람들 속에서 초라한 옷을 입었다면 겉으로는 신경 쓰지 않는 척해도 속으로는 불편할 수밖에 없다. 하지만 자로는 정말로 부끄러워하지 않았다. 그는 복장에 개의치 않았고, 이 일이 큰 문제라고 생각하지도 않았다.

　　이에 공자는 '다른 사람을 해치지 않고 다른 사람의 것을 탐내지 아니하니 어찌 선량하지 않을 수 있겠는가?'라는 시구를 인용해 자로를 칭찬한다. 이 시구는 『시경』의 「웅치雄雉」에 등장하는 시로 '해칠 기忮'는 질투를 뜻하고 '착할 장臧'은 훌륭하다, 선량하다는 의미다. 그러니 이 시구는 '질투하지 않고 탐욕을 부리지 않으니 선량하다'로 해석할 수 있다. 이렇게 좋은 상태에 있는 사람이라면 어떤 일이든 잘 해내지 않을까?

자로는 공자의 칭찬에 무척이나 기뻐했다. 순박하고 꾸밈이 없는 성격인 자로는 평소 스승을 무척이나 존경했기에 공자가 자신에게 한 칭찬을 '종일 외우고 다녔다.' 하루 종일 어디를 가든 '다른 사람을 해치지 않고 다른 사람의 것을 탐내지 아니하니 어찌 선량하지 않을 수 있겠는가'라는 말을 하고 다녔다. 이를테면 만나는 사람들에게 "자네들 내가 어떤 사람인지 아는가? 스승님께서 나를 다른 사람을 해치지 않고 다른 사람의 것을 탐내지 않는 선량한 사람이라 하셨네"라고 말하고 다닌 것이다.

공자는 이 사실을 알고 웃으며 이렇게 말했다.

"다른 사람을 해치지 않고 다른 사람의 것을 탐내지 않는 건 당연한 일이다. 그러니 이를 실천한다고 해서 선량하거나 훌륭하다는 건 아닌데, 어째서 종일 입에 달고 지내는 것이냐?"

자로가 세상 물정을 몰라 작은 칭찬 하나에 들떠 기뻐했다고 비웃지 않았으면 좋겠다. 사실 공자에게 칭찬 한 번 받는 것도 자로에게는 쉽지 않은 일이었으니 말이다.

공자의 행복한 사색 '끝없는 배움 앞에 자만하지 마라'

공자는 자로에게 그리고 우리에게 이렇게 말하고 있다.

"내가 한 칭찬에 만족해서는 안 된다. 다른 사람을 해치지 않고 다른 사람의 것을 탐내지 않는 장점만 있을 뿐, 선량하고 훌륭한 기준에는 다다르지 못했다. 그러니 너는 아직 배워서 발전해야 할 것들이 많이 남아 있다."

세한, 연후지송백지후조야

歲寒, 然後知松柏之後凋也

사람의 본심은
겪어 보아야 알 수 있다

공자가 말하길 "날씨가 추워진 뒤에야 소나무와 잣나무가 뒤늦
게 시든다는 걸 알 수 있구나!"
子曰 "歲寒, 然後知松柏之後凋也!"
자왈 "세한, 연후지송백지후조야!"

중국 정치가 진의陳毅 원수는 소나무를 주제로 이런 시를 썼다.

폭설이 푸른 소나무를 눌러도 소나무는 곧고 꼿꼿하구나.

소나무의 고결함을 알고 싶다면 눈이 내릴 때를 기다려라.

공자는 이 문장에서 탄식하며 시와 같은 문장을 읊는다.

'세한歲寒'은 24절기 중에서 가장 추울 때인 소한小寒과 대한大寒을 뜻한다. 이때 비로소 소나무와 잣나무가 다른 나무들보다 늦게 시든다는 사실을 알 수 있다는 것이다.

　이 점에 대해서는 논쟁이 있다. 일부는 소나무와 잣나무는 시들지 않으니 '소나무와 잣나무가 시들지 않는다는 걸 알 수 있다'라고 말해야 한다고 주장한다. 또 일부는 소나무와 잣나무는 시들지 않는 게 아니라 새로운 잎이 자라서 기존 잎과 교체되는 것이라고 말한다. 소나무 아래 시든 솔잎이 많이 떨어져 있지만, 나뭇가지에는 항상 푸릇푸릇한 솔잎이 있어 시들지 않는 것처럼 보인다는 것이다. 하지만 '소나무와 잣나무가 뒤늦게 시든다는 걸 알 수 있다'라고 읽는 게 일반적이다.

　이 문장은 "먼 길을 가야 말의 힘을 알 수 있고, 세월이 오래되어야 사람의 마음을 알 수 있다.", "부부는 본래 한 숲에 사는 새와 같아서 어려움이 닥치면 각자 날아간다.", "진짜 금은 불로 제련되는 걸 두려워하지 않는다."라는 말과 비슷한 뜻을 지니고 있다. 결정적인 순간이 오지 않는 한, 시련을 이겨낼 수 있는 사람이 누구인지 알기 어렵다는 의미다.

　이 문장은 무척 생동감이 있어서 당시 장면을 상상해 볼 수 있다. 도포를 두른 공자가 소나무 아래 서 있고 옆에는 제자 몇 명이 따르고 있다. 주변 나무들은 모두 잎이 없는데, 소나무만 푸릇 푸릇한 걸 보며 공자는 '날씨가 추워진 뒤에야 소나무와 잣나무가 뒤늦게 시든다는 걸 알 수 있구나!'라고 말한다.

공자의 행복한 사색 ─ '오래 보아야 참모습이 보인다'

공자의 말에는 아마도 "나는 여러 나라를 떠돌아다니며 좌절과 시련을 겪어야 했다. 그 긴 시간 끝에 너희들만 남게 되었구나"라는 의미가 숨겨져 있을 수 있다. 그러니 이 문장은 제자들에 대한 인정이자 자신의 신념을 끝까지 지키겠다는 의지를 드러낸 것이라 할 수 있다.

이 문장은 중국 고대의 문화 중 하나가 되었다. 오랜 시간 경험해 봐야 우리는 비로소 한 사람의 본심을 알 수 있다.

지자불혹, 인자불우, 용자불구

知者不惑, 仁者不憂, 勇者不懼

유교의
'세 가지 미덕'

공자가 말하길 "지혜로운 사람은 미혹되지 않고 어진 사람은
근심하지 않고 용맹한 사람은 두려워하지 않는다."

子曰 "知者不惑, 仁者不憂, 勇者不懼."

자왈 "지자불혹, 인자불우, 용자불구."

불교의 세 가지 보배三寶는 불佛, 법法, 승僧이다. 도교에도 세 가
지 보배가 있다.

노자는 "나에게 세 가지 보배가 있으니 항상 잘 지켜 보존한다.
하나는 자비고 둘째는 검소함이고 셋째는 감히 천하의 일에 앞장
서지 않는 것이다我有三寶, 持而保之: 一曰慈, 二曰儉, 三曰不敢爲天下先"라고
말했다.

여기서 '감히 천하의 일에 앞장서지 않는 것이다'라는 건 겸손을 뜻한다. 그러니 도교의 세 가지 보배는 자애, 검소, 겸손이라 할 수 있다.

유교에도 세 가지 보배가 있다. 바로 지혜로움, 어짊, 용맹스러움이다. 이것은 어떤 상황에서도 통하는 '세 가지 미덕'이자 유교가 이상으로 추구하는 인격이다.

공자는 지혜로운 사람은 미혹되지 않는다고 말했다. 여기서 말하는 '미혹되지 않는다'라는 건 외부 사물에 흔들리지 않는 걸 말한다.

사기를 당하는 것은 탐욕 때문인 경우가 많다. 조금의 탐욕도 없다면 사기꾼이 사기를 칠 기회도 없다. 『중국 고대의 사기꾼과 사기 수법』이란 책에는 고대부터 전해져 내려오는 각종 사기 수법이 나온다. 모든 사기 수법의 핵심은 사람의 탐욕을 자극하는 것이다. 탐욕이 생기면 쉽게 속는다.

외부 사물이나 유혹에 흔들리지 않으면 이익이나 명성을 얻는 것에 무감할 수 있다. 겉으로 보이는 허영을 중요하게 생각하지 않는 것인데 이것이 바로 지혜로움이다.

"어진 사람은 근심하지 않는다"라는 건 어진 마음으로 다른 사람을 생각하는 사람은 걱정을 적게 한다는 의미다. 가령 자신의 이익, 승패만을 생각한다면 항상 자신이 공평한 대우를 받았는지, 어떤 이익을 얻었는지를 따지기 때문에 초조해지고 고집스러워진다. 반면 드넓은 세상을 품을 수 있다면 개인의 득실을 신경 쓰지 않게 된다. '내가 잃어서 세상이 유익해지고, 내가 손해를 봐서 세상이 풍요로워졌다'라고 생각하면 편안하고 즐거운 마음을 가질 수 있다.

초나라 왕은 부하가 잃어버린 활을 찾으려 하자 "초나라 사람이 잃었으니 초나라 사람이 얻을 것이다"라며 활을 찾을 필요가 없다고 했다. 내가 잃어버린 화살을 어차피 초나라 사람이 주울 테니 괜찮다는 경지에 이를 수 있다면 근심하는 일도 줄어든다.

이 말에서 '초나라'를 뺀다면 '사람이 잃었으니 사람이 얻을 것이다'라는 말이 된다. 만약 우리가 이런 마음가짐을 가진다면 어떤 갈등도 생기지 않을 것이다.

이와 관련된 이야기가 하나 있다. 한 노인이 기차에 오르다 새로 산 가죽 구두 한 짝을 잃어버렸다. 그러자 노인은 아무 말 없이 나머지 한 짝도 벗어서 창밖으로 버렸다. 옆에서 그 모습을 본 사람이 물었다. "왜 신발을 버리는 겁니까?" 그러자 노인이 말했다. "내가 나머지 한 짝도 버리면 다른 사람이 신발 두 짝을 모두 줍겠지만, 내가 버리지 않으면 한 짝만 줍게 될 텐데, 그걸 어디에 쓰겠는가?"

다른 사람을 생각할 줄 안다면 자신이 본 손해에 집착하지 않을 수 있다.

하지만 실제로 이런 마음을 먹는 건 쉽지 않다. 어린 시절 나는 친구와 함께 강에서 헤엄을 치며 놀곤 했다. 하루는 친구가 신고 있던 신발이 강물에 휩쓸려가자 순간 나는 신발을 버린 노인의 이야기가 떠올라 친구에게 말했다. "얼른 다른 한쪽도 버려. 그래야 두 쪽이 같이 강물에 떠내려갈 거 아니야." 그러자 친구가 말했다. "무슨 소리야. 최소한 한쪽이라도 가지고 있어야지." 친구는 남은 한쪽 신발을 신은 채 돌아온 뒤에야 한쪽으로는 아무 쓸모가 없다는 걸 깨달았다. 하지만 막상 신발 한쪽을 잃어버렸을 때 남은 한쪽의 신발까지 버리기란 쉬운 일이 아니다.

자기중심적으로 생각하면 근심도 많아지게 된다. 반면 다른 사람을 생각하는 마음을 가진다면 근심도 자연스럽게 줄어들 수 있다.

마지막으로 "용맹한 사람은 두려워하지 않는다"라는 구절을 '용맹한 사람은 무엇도 두려워하지 않는다'라는 의미로 이해해서는 안 된다. 여기서 '두려워하지 않는다'라는 건 무엇도 두려워하지 않는다는 게 아니라 용기를 가지고 있다는 의미다. 용기란 무엇일

나는 논어를 만나 행복해졌다

까? 용기는 두려움을 갖지 않는 것이 아니라, 죽을 지경으로 두려워도 해야 할 일을 하는 것이다. 이것이 바로 여기서 말하는 '두려워하지 않는다'의 의미다.

나는 이 문장이 공자가 자신을 표현한 말이라고 생각한다. 그는 비록 직접 '나는 지혜로움, 어짊, 용맹스러움을 모두 갖추고 있다'라고 말하지 않았지만, 실천을 통해 지혜롭고 어질고 용맹스러운 사람이라는 걸 보여주었다.

공자의 행복한 사색 '유혹됨 없이, 걱정 없이, 비겁함 없이'

공자는 종종 영웅의 기개를 드러내며 싸울 줄 알았고, 군왕들과 외교를 해서 노나라를 위해 많은 이익을 가져다줄 줄도 알았다. 그리고 노예를 위해 공정한 말을 할 줄도 알았고, 어려운 상황에 놓인 제자들을 도와주기도 했다. 이처럼 그는 용맹스러우면서 지혜롭고 어진 사람이다.

가여공학, 가여적도, 가여립, 가여권
可與共學, 可與適道, 可與立, 可與權

배움의
네 가지 단계

공자가 말하길 "함께 배울 수는 있어도 함께 도에 나아갈 수는 없으며, 함께 도에 나아갈 수는 있어도 함께 설 수는 없으며, 함께 설 수는 있어도 함께 권을 할 수는 없다."

子曰 "可與共學, 未可與適道; 可與適道, 未可與立; 可與立, 未可與權."

자왈 "가여공학, 미가여적도; 가여적도, 미가여립; 가여립, 미가여권."

배움은 기본적으로 네 가지 단계로 나누어볼 수 있다.

먼저 "함께 배운다"라는 건 입문의 단계이다. 다음으로 "함께 도에 나아갈 수는 없다"라는 건 비록 모두가 함께 배우더라도 모두가 도를 추구하지는 않는다는 의미다. 배우는 사람 중에는 친구를 사귀기 위해 배우는 사람도 있고, 생계를 유지할 능력을 기르기 위해 배우는 사람도 있다. 그러니 도를 구하는 데 뜻을 둔 사람은 소수에 불과하다. 그다음으로 "함께 도에 나아갈 수는 있어도 함께 설 수는 없다"라는 건 함께 도를 구하는 데 뜻을 둘 수는 있어도 함께 도를 지키지는 못한다는 것이다.

그렇다면 배워서 도를 구하고, 그 도를 지키는 법도 배웠다면 충분할까? 그렇지 않다.

마지막으로 "함께 설 수는 있어도 함께 권을 할 수는 없다"라는 건 도를 지킬 줄 알면서 임기응변도 할 줄 알아야 함을 말한다. 바로 이 '임기응변'이 배움의 마지막 단계이다. 상황에 따라 임기응변을 할 줄 아는 건 유교에서 추구하는 경지인데, 왕양명은 이 임기응변을 할 줄 알았던 사람으로 평가받는다.

왕양명은 영왕 주신호와 싸울 때 공문서를 위조해 그에게 속임수를 썼다. 만약 왕양명이 고지식한 유학자였다면 군자는 거짓말을 하지 않는다는 원칙을 지키려 했을 것이다. 하지만 반란을 일으킨 영왕 주신호를 온화함, 선량함, 공손함, 검소함, 겸양함을 사용해 제압하는 건 불가능했다. 왕양명은 정의를 위해 적을 속이는 방법을 동원해서라도 이겨야 한다는 걸 알고 있었다. 이것이 바로 임기응변이다.

공자는 자신의 인생을 개괄하면서 70세 이후에는 "하고 싶은 대로 행동해도 법도에 어긋나지 않았다"라고 말했다. 임기응변에도 일정한 제한이 있으니 우리는 임기응변을 하면서도 법도에 어긋나지 않는 걸 추구해야 한다. 뇌물을 받거나 사기를 치는 건 임기응변이 아니라 최소한의 양심마저도 버리는 행동이다. 임기응변은 정해야 할 기준을 파악해 지키는 게 핵심이다. 그래서 이것은 수련하는 사람만이 이를 수 있는 매우 높은 경지인 것이다.

공자의 행복한 사색 '도를 향해 함께 나아가며 권하는 배움'

공자의 네 가지 배움의 단계를 좀 더 이해하고 싶다면 주희와 왕양명의 작품을 비교해 보는 것도 좋은 방법이다. 주희가 쓴 작품은 기본적으로 '함께 서는 단계'에 머물러 있다. 그는 도를 지킬 줄 알았던 만큼 성인이었다. 하지만 왕양명이 쓴 작품은 더 자유롭고 실용적이다. 왕양명이 많은 공적을 쌓을 수 있었던 건 그가 임기응변할 줄 알았기 때문이다.

나는 논어를 만나 행복해졌다

◆◆◆

부하원지유

夫何遠之有

포기를 위한 이유는
모두 핑계일 뿐이다

'당체의 꽃이여! 팔랑팔랑 나부끼는구나. 어찌 그대를 그리워
하지 않겠는가? 집이 멀기 때문이지.'

공자가 말하길 "그리워하지 않는 것이니 어찌 멀다고 하겠느
냐?"

'唐棣之華, 偏其反而. 豈不爾思? 室是遠而.'

子曰 "未之思也, 夫何遠之有?"

"당체지화, 편기반이. 기불이사? 실시원이."

자왈 "미지사야, 부하원지유?"

『논어』 9편 「자한편」을 마무리하는 이 문장은 유독 아름답다.

이 문장에서 공자는 『시경』에 있는 시를 인용했는데, 이 시가 무
척이나 매혹적이다.

'당체唐棣'는 백양나무의 변종으로 '당체의 꽃'은 당체에 핀 꽃을 말한다. '팔랑팔랑 나부끼는구나'라는 건 나풀나풀 흔들리는 모양을 말한다.

식물, 동물을 통해서 시흥을 일으키는 건 『시경』에서 가장 쉽게 볼 수 있는 창작 수법이다. 앙증맞은 당체 꽃이 바람에 나풀나풀 하는 모습을 보고 싶지 않은 사람이 있을까?

이 시는 꽃을 이야기하고 있지만 실은 여자를 그리워하는 남자의 마음을 묘사하고 있다. 남자가 "아름답고 예쁜 당신이 보고 싶어서 내 마음이 나풀나풀 흔들린다. 그런데 나는 어째서 당신을 보러 가지 못하는 걸까? 다른 이유가 아니라 당신의 집이 너무 멀기 때문이다"라고 말하고 있다.

하지만 공자는 이 남자의 마음을 단박에 간파해냈다. 공자의 '그리워하지 않는 것이니 어찌 멀다고 하겠느냐'라는 건 남자가 여자를 그리워하지 않는다는 의미다. 남자가 정말 여자를 그리워한다면 먼 거리는 장애가 되지 않을 테니 말이다.

공자는 여러 나라를 돌아다녔던 사람이다. 그는 주로 수레를 타고 주나라 영토에 있는 많은 나라를 돌아다녔다. 당시 중원은 크지 않았고 마을도 아주 작은 규모였다. 남녀가 멀리 떨어져 있다고 해도 기껏해야 마을 하나의 거리를 두고 있었을 테니 마음이 있다면 찾아갈 수 있었을 것이다.

"그리워하지 않는 것이니 어찌 멀다고 하겠느냐"라는 구절은 사랑하는 연인들 사이에서 유용하게 쓰일 수 있다. 예를 들어서 연인에게 "정말 내가 그립다면 아무리 먼 거리라도 문제가 될 수 없어. 바다를 건너서라도 나를 보러 와야지"라고 말할 수 있다.

하지만 이 문장을 배우는 과정에 적용해 보면 더 깊은 뜻을 알수가 있다. 공자를 따라 배움을 구한 사람 중에는 '너무 어렵다', '너무 멀다', '할 수 없다', '타고난 자질이 부족하다', '힘이 부족하다'와 같은 불평을 쏟아내는 경우가 많다. 이런 핑계들은 남자가 실제로는 좋아하는 마음이 없으면서 여자에게 "네가 좋지만 우리 둘은 어울리지 않아"라는 핑계를 대는 것과 같다. 그래서 공자는 이런 말로 책임을 회피해서는 안 된다고 말한다.

만약 정말 배우고 싶다면 멀다고 할 이유가 있을까? 진정으로 사랑한다면 먼 것이 이별의 이유가 될까? 진심으로 원한다면 거리는 문제가 되지 않는다. 그래서 공자는 "만약 진심으로 바란다면 거리가 얼마나 멀리 있든 노력해 이를 수 있다"라고 말한다.

나는 연인들이 '그리워하지 않는 것이니 어찌 멀다고 하겠느냐'와 같은 아름다운 표현을 사용했으면 좋겠다.

우리가 말을 잘하지 못한다고 고민하는 이유는 뭘까?

공자는 "시를 배우지 않으면 말을 할 수 없다"라고 말했다. 『시경』을 배우지 않는다면 말을 잘할 수 없다는 것이다. 말을 부드럽게 잘한 공자는 심지어 비판할 때도 『시경』의 아름다운 시를 인용할 줄 알았다.

스스로 존경하면 다른 사람도 그대를 존경할 것이다.

공자

이미 끝난 일을 말하여 무엇하며
이미 지나간 일을 비난하여 무엇하리!
공자

배우나 생각하지 않으면 공허하고,
생각하나 배우지 않으면 위험하다.
공자

덕을 닦지 않는 것, 학문을 전수하지 않는 것,
의로움을 듣고도 옮기지 않는 것,
선하지 않은 걸 고치지 못하는 것이 바로 나의 걱정거리이다!
공자